Floresça

TATI SOEIRO

Floresça

O resgate de uma filha

Ágape

São Paulo, 2023

Floresça: o resgate de uma filha
Copyright @ 2023 by Tati Soeiro
Copyright @ 2023 by Ágape Editora

Editor: Luiz Vasconcelos
Coordenação editorial: Letícia Teófilo
Organização e edição de conteúdo: Milena Santos
Preparação de textos: Editora Ágape
Revisão de textos: Fabricia Romaniv
Projeto gráfico e diagramação: Márcia Matos
ADAI Creative Fotografia: Beatriz dos Santos Rodrigues e Ana Carolina Souza dos Santos
Capa: Tom Antunes

Texto de acordo com as normas do Novo Acordo Ortográfico da Língua Portuguesa (1990), em vigor desde 1 de janeiro de 2009.

Dados Internacionais de Catalogação na Publicação (CIP)

Soeiro, Tati
    Floresça: o resgate de uma filha / Tati Soeiro. -- Barueri, SP: Novo Século Editora, 2023.
    160 p.
ISBN 978-65-5724-119-6

1. Vida cristã 2. Mulheres I. Título

23-3540   CDD 248.2

Índice para catálogo sistemático:
1. Vida cristã

EDITORA ÁGAPE LTDA.
Alameda Araguaia, 2190 – Bloco A – 11º andar – Conjunto 1112
cep 06455-000 – Alphaville Industrial, Barueri – sp – Brasil
Tel.: (11) 3699-7107 | Fax: (11) 3699-7323
www.editoraagape.com.br | atendimento@agape.com.br

Agradecimentos

Quero começar expressando minha profunda gratidão ao meu amado Deus, por toda a inspiração e força que me concedeu ao longo desta jornada. Sua orientação divina tem iluminado cada passo que dou. Deus, a gratidão que sinto por tudo que o Senhor tem feito em minha vida é verdadeiramente imensurável. Desejo que minha vida seja um reflexo do Seu amor e graça, honrando-O em todas as minhas ações e compartilhando Seu amor com o mundo ao meu redor.

Rô, meu amor, o que dizer de você? Desde o início, você tem sido meu maior apoiador. Sua paciência, encorajamento e amor incondicional têm sido um verdadeiro presente em minha vida. Você sempre acreditou em mim, impulsionando-me com suas palavras de encorajamento e dando-me forças para continuar. Agradeço por estar ao meu lado, compartilhando as alegrias e os desafios deste projeto, e por ser meu porto seguro em todos os momentos.

Meus amados filhos, Davi e Lorenzo, vocês são o motivo mais precioso da minha existência. Vocês enchem meus dias de amor e alegria. Durante todo o processo de construção deste livro, vocês me motivaram e inspiraram com sua inocência, curiosidade e imaginação. Rô, Davi e Lolo, juntos, vocês formam uma equipe incrível que me dá forças, coragem e amor incondicional. Agradeço por todo o tempo dedicado, por todas as noites em que me ouviram falar sobre ideias e por todas as vezes em que me apoiaram quando as palavras pareciam fugir de mim. Sei que este livro é um reflexo dos laços e do amor que compartilhamos como família.

Não poderia deixar de expressar minha profunda gratidão à minha amada Casa de Oração, ADAI. Sou grata a Deus por sermos uma família. Obrigada de coração por todo o carinho e apoio incansável que sempre nos dedicam nesta jornada de fé.

Minha profunda gratidão à Editora Ágape por acreditar em mim e no meu trabalho. Essa parceria é um presente valioso em minha vida, e tenho certeza de que, juntos, podemos alcançar grandes conquistas. Agradeço pela equipe comprometida, profissional e dedicada, disposta a caminhar ao meu lado enquanto trilhamos esse caminho literário juntos. Desejo que essa jornada seja repleta de sucesso, realizações e inspiração, e que possamos continuar colaborando em futuros projetos.

Mi, Lê e Tom, também quero expressar minha profunda gratidão pela nossa parceria ao longo de todo o processo de criação e editoração deste livro, além do design desta linda capa. Foi uma experiência verdadeiramente especial construir tudo isso ao lado de vocês.

Espero que este livro seja uma expressão de gratidão e amor eterno a cada um de vocês. Meu coração transborda de gratidão, e estou ansiosa para compartilhar essa obra com o mundo, sabendo que ela foi construída com a ajuda divina e o apoio incondicional de vocês.

Com todo o meu amor e gratidão, Tati Soeiro

Sumário

Prefácio	9
Introdução	11
1. Floresça no isolamento	15
2. Floresça na sua resistência	25
Relatos de mulheres	35
3. Floresça na luta da vida	45
4. Floresça em sua fé	55
5. Floresça em sua vergonha	67
6. Floresça no toque	77
7. Floresça em sua integridade	87
8. Floresça em sua identidade	97
9. Floresça no sofrimento	109
10. Floresça na busca por esperança	119
11. Floresça nas estações	131
12. Você também pode florescer	157

Prefácio

No mundo em que vivemos, é fácil confundir proximidade física com intimidade verdadeira. Estar perto de alguém não necessariamente nos torna íntimos dessa pessoa. Da mesma forma, muitas vezes nos aproximamos de Deus, mas sem realmente nos entregarmos por completo a Ele. Essa leve displicência pode nos impedir de experimentar o melhor que Deus tem a nos oferecer.

Olhando para os tempos de Jesus, vemos que multidões O seguiam, tocavam em Suas vestes; contudo, nem todos obtinham o máximo da Sua presença. Havia aqueles que buscavam apenas benefícios físicos ou soluções temporárias, mas poucos compreendiam a profundidade do amor e do propósito divino que Ele oferecia. É aqui que encontramos o ponto de partida para esta jornada de aprendizado.

Por meio do texto da mulher do fluxo de sangue, a Tati nos guiará por uma reflexão tocante. Essa mulher, movida por sua necessidade de cura física, ousou se aproximar de Jesus. No entanto, o encontro com o Mestre trouxe muito mais do que a cura de seu corpo debilitado. Ela foi resgatada como uma filha amada, experimentando a graça e o amor incondicionais de Deus.

Ao compartilhar suas experiências pessoais e profundas reflexões, a Tati nos desafia a ir além das aparências superficiais de religiosidade e a buscar um relacionamento íntimo e autêntico com Deus. Em cada página, você será encorajado a explorar as camadas mais profundas do seu ser espiritual e a abrir-se para receber o amor e a transformação que só Ele pode lhe proporcionar.

Espero, sinceramente, que este livro seja uma bênção em sua vida, assim como tem sido em meu lar. Que a leitura dessas palavras toque o seu coração, trazendo clareza, inspiração e um despertar para a verdadeira intimidade com Deus. Permita-se ser conduzido por esta jornada maravilhosa e descubra as riquezas que esperam por você quando nos entregamos completamente ao amor divino.

No amor de Cristo Jesus,
Rodrigo Soeiro

Introdução

A MENSAGEM DESTE LIVRO SURGIU A PARTIR DE MINHA PERCEPÇÃO DE que há milhares de mulheres sofrendo com a suposta necessidade de ser o que as pessoas esperam que elas sejam, não enxergando o que há de verdade dentro delas. Pergunte às mulheres do século XXI como elas se sentem a respeito de si e terá respostas do tipo: "Eu me odeio!", "Não sou o que esperavam que eu devia ser", "Não sirvo pra nada", e muitas outras respostas negativas.

Acredito que alguns fatores são responsáveis por essas respostas tão negativas e de autocondenação; talvez uma história de maus-tratos, abusos, rejeição ou até frutos da falsa imagem de como a mulher deve ser. Mas a verdade é que nem toda mulher foi criada por Deus para ser magra, ter uma pele perfeita ou cabelos longos e volumosos.

Nem toda mulher foi destinada a fazer malabarismos entre a carreira profissional e todas as demais obrigações como esposa, mãe, filha e cidadã. Porém, toda mulher foi destinada a viver tudo aquilo que Deus projetou para que ela viva.

Assim como cada flor floresce na estação própria e de seu modo singular, cada mulher deve se ver como uma flor, e florescer de modo a impactar do seu jeitinho o jardim em que foi plantada.

Florescer, de acordo com o dicionário, diz respeito a brotar flores, desenvolver, frutificar, prosperar e dar brilho a um ambiente (MICHAELIS, 2023)[1]. Ao trazer o significado para nós, mulheres, perceba o importante papel que temos.

O nosso jeito de ser mil e uma utilidades, a forma como vemos o mundo, o nosso olhar de carinho, o jeito maternal, a visão da totalidade, a habilidade para gerir um lar, as nossas percepções... tudo isso foi trabalhado pelo Criador para que pudéssemos fazer a diferença em nossos jardins.

As mulheres são uma dádiva preciosa de Deus para o mundo. O desejo Dele é que todas sejam dignas, escolhidas, sensíveis, talentosas, especiais, maravilhosas, inteligentes, doces, amadas, ousadas, corajosas, confiantes, respeitadas, admiradas, apoiadas, destemidas, fortes e, acima de tudo, que sempre floresçam.

Diante de algumas circunstâncias em minha vida, por palavras, atitudes ou até mesmo pela falta delas, eu também me senti como a maioria das mulheres e perdi a noção do valor que eu tenho diante do Senhor.

---

[1] MICHAELIS. Dicionário brasileiro da língua portuguesa. **Florescer**. Disponível em: https://michaelis.uol.com.br/moderno-portugues/busca/portugues-brasileiro/florescer/. Acesso em: 26 maio 2023.

E o meu valor para o Senhor é tamanho, já que Ele me criou, assim como toda a humanidade, para a eternidade, para ser uma lanterna na escuridão, pois provou o seu amor por mim e me escolheu, sendo eu ainda pecadora[2]. Quando não tinha mais esperança, Ele se tornou a minha esperança. Quando estava ocupada demais com os cuidados deste mundo, Ele me interrompeu para mostrar o que é eterno. Cristo fez tudo isso por mim e por você.

"Somos para Deus como poemas, criados em Jesus Cristo para boas obras, as quais Deus preparou para que nós praticássemos" (Efésios 2:10).

Quando entendi o meu valor, que sou um poema em Suas mãos e que quem escreve todos os dias a minha história é Ele (e não eu), passei a olhar com otimismo para aquilo que devo fazer e fiquei menos preocupada com o que não consigo fazer.

Não preciso fingir ser alguém que não sou, porque estou segura na mulher que Deus diz que sou. Passei a viver de modo seguro e a desfrutar da vida que Ele sempre quis pra mim. Descobri meu propósito: fui criada para realizar boas obras, as quais Deus já preparou de antemão para que eu praticasse.

Não preciso fingir ser alguém que não sou, porque estou segura na mulher que Deus diz que sou.

A beleza de andar com Deus está em aprendermos a olhar pela perspectiva Dele, até porque não há beleza em uma vida de preocupação somente com o terreno. Para florescermos, teremos que decidir dar um basta ao que nos

---

[2] Referência a Romanos 5:8.

restringe às coisas deste mundo e elevar o nosso olhar para que assim sejamos um canal do amor de Deus, um amor transformador que nos dá esperança – esperança não nessa vida, mas na Glória de Deus.

É a partir desta perspectiva que convido você a caminhar comigo pelas páginas deste livro. Caminharemos pela incrível história bíblica da "mulher do fluxo de sangue", uma mulher que foi desafiada a encontrar e viver o seu propósito de vida, mesmo quando não havia mais esperança.

Assim como aquela mulher floresceu frente às incertezas, e teve a sua vida ressignificada em meio a dor, oro para que até o fim da leitura deste livro você consiga abraçar o plano de Deus para a sua vida, que levante a cabeça e caminhe cheia de confiança em si mesma e no seu futuro. Sua perspectiva não estará mais nas coisas deste mundo, e sim em lugares altos, porque você florescerá!

1

Floresça no isolamento

"E estava ali certa mulher que havia doze anos vinha sofrendo de uma hemorragia."
Marcos 5:25³

EM DEZEMBRO DE 2019, OUVIMOS RUMORES SOBRE UMA DOENÇA causada por um novo vírus. No começo, eram informações tão desencontradas e, como era do outro lado do planeta, não demos a devida atenção. Mas em poucas semanas os relatos

---

³ As citações bíblicas utilizadas neste livro serão realizadas de acordo com a Nova Versão Internacional (NVI). VIDA. **Bíblia Maxicolor: Nova Versão Internacional** (Traduzida pela Comissão de Tradução da Sociedade Bíblica Internacional). São Paulo: Editora Vida, 2007.

começaram a se espalhar mundo afora, e, de repente, chegou ao Brasil a tão famosa e assustadora Covid-19. Dentre as recomendações médicas para evitar-se a doença, as principais eram: quarentena, distanciamento social e isolamento.

Comércios, escolas, teatros, restaurantes e muitas igrejas foram fechadas como medida de contenção. As pessoas tiveram que se isolar e conviver apenas com os que moravam com elas na mesma casa. A falta do abraço, do toque e da socialização fizeram parte do dia a dia.

O isolamento gerou efeitos psicológicos nocivos à humanidade, e a duração do isolamento causou insegurança e medo quanto ao futuro. Afinal, não estamos acostumados a parar; somos uma sociedade que vive em ritmo acelerado, correndo contra o tempo.

Psicólogos dizem que ficar por muito tempo em isolamento pode causar problemas de saúde, como depressão e ansiedade[4]. E é a partir dessa informação que quero compartilhar a história de uma mulher que passou doze anos presa num distanciamento social, isolada do mundo e sem perspectiva de futuro, também conhecida como "a mulher do fluxo de sangue".

Foram doze anos de enfraquecimento constante, anos de sombras densas na alma, de lágrimas copiosas, de noites maldormidas, de madrugadas insones, de sofrimento sem trégua. É de se imaginar que muitas pessoas já a haviam dado diversas receitas caseiras, simpatias...

---

[4] .GAMEIRO, Nathália. **Depressão, ansiedade e estresse aumentam durante a pandemia.** Disponível em: https://www.fiocruzbrasilia.fiocruz.br/depressao-ansiedade-e-estresse-aumentam-durante-a-pandemia/. Acesso em: 19 maio 2023.

Quem sabe ela não era acusada constantemente de estar em pecado, afinal, esse não era o pensamento dos discípulos? (João 9:2). Após doze anos de expectativas frustradas, que esperança poderia ter essa mulher? A própria Bíblia diz que a esperança que se adia faz adoecer o coração (Provérbios 13:12).

Não é possível entender a dor enfrentada pela mulher do fluxo de sangue a partir da realidade atual, é preciso compreender o contexto cultural em que ela vivia. Para isso, vejamos três tipos de isolamento que essa mulher enfrentou por causa da sua enfermidade.

O primeiro isolamento enfrentado foi o conjugal, pois, de acordo com a lei judaica, uma mulher que convivia com fluxo de sangue não podia relacionar-se com o marido, visto que era considerada impura. Inclusive, era ensinado por rabinos que o descumprimento da lei resultaria em maldição aos filhos. Assim, uma mulher solteira, em razão da proibição de relações sexuais durante o período de fluxo, era impedida de casar-se (LOPES, 2012)[5].

De acordo com a lei mosaica, as mulheres tornavam impuro tudo o que tocavam, até mesmo utensílios domésticos, camas e lençóis. Desse modo, quem tocava nos objetos impuros também se tornava impuro. Para os rabinos, até o cadáver de uma mulher que morrera menstruada deveria passar por uma purificação especial com água (LOPES, 2012)[6].

O segundo isolamento enfrentado por aquela mulher foi o social, pois a ordem era que ela vivesse confi-

---

[5] LOPES, Hernandes Dias. **Marcos**: o evangelho dos milagres. Hagnos: 2012, p. 285 e 286.

[6] Referência a Levítico 15:19-33.

nada, excluída da sociedade por causa de sua impureza. Ela era tratada como se fosse uma leprosa. Nesse sentido, por doze anos foi impedida de ter qualquer contato com quem amava, o que provavelmente afetou a sua autoestima e a forma de se ver perante outras pessoas (LOPES, 2012).

Por fim, o último isolamento enfrentado pela mulher do fluxo de sangue foi o religioso, pois ela era proibida de chegar perto de qualquer sinagoga, por ser considerada impura ritualmente. Não podia participar de cultos públicos ou festas, de nada (LOPES, 2012).

Os três ambientes relacionais

Certo dia, enquanto ouvia atentamente uma ministração do pastor Rodrigo Soeiro – o Rô, meu esposo – fui presenteada com um valioso ensinamento sobre os diferentes tipos de ambientes relacionais: o íntimo, o privado e o público. De acordo com ele, o ambiente íntimo é aquele que compreende fatos e ações que somente você e sua família poderão viver. No ambiente privado, a família pode participar e desfrutar de ações em que poucas pessoas poderão vivê-las junto com você. No ambiente público, por sua vez, a família terá ações e comportamentos em que qualquer pessoa poderá ver.

Não se trata de sermos falsos ou termos "duas caras", significa apenas que há falas, comportamentos e comentários que devem ser reservados apenas para a nossa intimidade.

Agora, perceba que a mulher do fluxo de sangue teve as três áreas de sua vida afetadas por aquela enfermidade[7].

Apesar de o período de isolamento social vivenciado pela pandemia da Covid-19 nem se comparar com o tempo de isolamento vivenciado por aquela mulher – em razão dos diversos resultados nocivos causados às pessoas, como depressão, ansiedade, violência doméstica, divórcios e, até mesmo suicídio – é possível que você imagine pelo que a mulher do fluxo de sangue passou.

Não estamos acostumadas a viver em isolamento, nem a parar em nossa rotina frenética. Somos uma sociedade em ritmo acelerado, correndo contra o tempo porque aprendemos que "tempo é dinheiro". E esse estado de aceleração social influencia a forma como vivemos e nos relacionamos.

Pesquisas confirmam que situações de estresse crônico contribuem para um estado de exaustão do organismo, provocando seu desequilíbrio[8] (BRASIL, 2023). O isolamento que vivemos não fez parte de uma escolha que fizemos de diminuir nosso ritmo intenso de vida, pelo contrário, com o isolamento perdemos nossa autonomia, nosso poder de decidir quando andar, circular e realizar tarefas. Fomos pegos de surpresa, sem que tivéssemos tempo de nos preparar para a sua chegada.

Oras, fomos criados para o relacionamento, o próximo confirma nossa existência no mundo. Por isso, o isolamento causou e causa efeitos negativos à humanidade.

---

[7] TAMEZ, Elsa. **As mulheres no movimento de Jesus, o Cristo**. Sinodal: 2004.

[8] BRASIL. Ministério da Saúde. **Estresse**. Disponível em: https://bvsms.saude.gov.br/bvs/dicas/253_estresse.html. Acesso em: 23 maio 2023.

Embora cada pessoa reaja de maneira diferente diante de situações estressantes, um dos sentimentos mais comuns na maioria das pessoas é o medo, o que, sem dúvida, pode paralisar e prejudicar a muitos.

Talvez você esteja passando por uma situação de medo neste exato momento da leitura. Pode ser medo do futuro, medo de ir para um hospital, medo de não conseguir viver aquilo que você tanto sonha, medo de ser inexperiente ou qualquer outro tipo de medo... Por isso, quero trazer coragem ao seu coração, mesmo em tempo de incertezas, coragem para que o medo não te paralise.

"Pois Deus não nos deu espírito de medo, mas de poder, de amor e de equilíbrio" (2 Timóteo 1:7).

Três armas poderosas

O Apóstolo Paulo disse a Timóteo que ao invés de um espírito de medo, Deus nos deu três armas poderosas para que Nele pudéssemos lutar: poder, amor e equilíbrio.

❧ Poder

O poder de Deus sobre as nossas vidas nos possibilita enfrentarmos o medo, ou seja, onde o medo nos paralisou, o poder de Deus nos fará movimentar. Nós estamos acostumados a relacionar o poder de Deus a movimentos espirituais, milagres ou curas, mas nós precisamos começar a enxergar o poder de Deus agindo em nosso dia a dia.

Enquanto estamos reunidos num culto alegre, repleto de louvores e manifestações espirituais, é muito fácil percebermos o poder de Deus. Desse modo, faço um desafio: quando o medo mostrar a você a sua face sombria, lembre-se que o poder de Deus não ficou lá na igreja depois que o culto acabou. Esse poder, que vem do Espírito Santo de Deus, e que habita em você, está se manifestando constantemente.

Nosso desafio é perceber esse poder quebrando todas as correntes do medo que insistem em nos paralisar. Então, quando o medo vier paralisá-la, lembre-se que o poder do Espírito é dínamo – uma força dinâmica dentro de você, que a impulsiona a prosseguir com coragem e ousadia!

❦ Amor

Enquanto o poder nos dá coragem para encarar o medo, é o amor que nos dá coragem para vencê-lo. Às vezes, pode ser difícil reconhecer essa dimensão do amor, pois é mais comum associá-lo à fraternidade e à comunhão. Em outras palavras, quando somos envolvidos pelo amor de Deus, não há espaço para mais nada! É por isso que a Palavra de Deus nos assegura que "no amor não há medo; pelo contrário, o amor perfeito lança fora o medo" (1 João 4:18). Glória a Deus por isso!

❦ Equilíbrio

Por último, e não menos importante, Deus nos dá a arma do equilíbrio, que é a capacidade de caminharmos com poder e com amor na mesma intensidade. Ele nos dá o equilíbrio para termos uma vida moderada, equilibrada, em que conseguimos entender que o Senhor pode usar até mesmo uma pandemia para nos dar a chance de reduzirmos o ritmo acelerado e frenético que vivemos, de nos importarmos mais com o próximo em amor e de nos movimentarmos em favor de nós mesmos e do nosso próximo.

Deus não nos chamou para nos acovardamos diante das incertezas desses dias, Deus conta com a nossa coragem para sermos canal de poder para um mundo enfraquecido, canal do seu amor para um mundo cheio de ódio e canal de equilíbrio em um mundo congestionado.

Tenho que confessar que durante a pandemia também senti medo por diversas vezes. Tive medo de alguém que amo ser infectado pelo vírus, medo das incertezas financeiras para minha família, medo do futuro escolar dos meus filhos, medo de como eu seria uma professora para eles, de como alfabetizaria o meu filho Lorenzo... Essa era a pergunta que vinha em minha mente em muitos momentos: "Como? Como? Como???".

O Lorenzo, com apenas quatro anos, mal havia começado sua jornada escolar quando a pandemia desabou sobre nós. Imaginem só o desespero que senti, ele ainda estava se adaptando ao ambiente escolar e, de repente, teve que ficar em casa, sem entender por que tudo aquilo estava acontecendo. Se nós adultos já estávamos confusos, imagina esses pequeninos. Eu, assim como muitas mães, tive que me reinventar e assumir o papel de professora. O medo e a insegurança tomaram conta de mim. Nunca imaginei passar por uma situação assim e fiquei extremamente preocupada com o impacto que isso teria no futuro educacional do Lorenzo.

Com o Davi, meu primeiro filho, a adaptação aos estudos online foi mais fácil, ele se ajustou rapidamente. No entanto, o Lorenzo exigia minha presença constante durante as aulas virtuais. Eu precisava ficar ao lado dele o tempo todo, pois ele queria apertar os botões para falar quando a professora estava falando ou tentava fechar a câmera quando não deveria. Ufa! Foi uma verdadeira maratona!

Pois é, as dúvidas juntamente com o medo também fizeram parte de mim durante certo período. Porém, aprendi e tenho aprendido a cada dia que o momento de sofrimento é pedagógico em minha vida, visto que produz em mim perseverança. Mesmo sem forças, não me entreguei, pois tive a certeza de que Deus está sempre no controle de tudo. Não desisti, perseverei, porque sabia que meu caráter estava sendo aprovado e amadurecido durante aquele período. Quando o medo tentou me paralisar e a incerteza quis que eu desistisse, Deus me levou à verdadeira esperança: esperança de uma vida plena com Ele. A esperança de que, mesmo que me falte tudo, Ele continuará sendo Deus e Nele me alegrarei.

Assim como a protagonista da nossa narrativa, eu tive que compreender que a jornada da vida se desdobra em diversas fases, cada uma com suas peculiaridades e circunstâncias únicas. Esteja pronta para embarcar nessa jornada fascinante e descobrir o poder do amor de Jesus.

2

Floresça na sua resistência

"Ela padecera muito sob o cuidado de vários médicos e gastara tudo o que tinha, mas, em vez de melhorar, piorava."
Marcos 5:26

SENDO UMA PASTORA DEDICADA AO MINISTÉRIO FEMININO, AO LONGO dos anos tenho acompanhado diversas mulheres espiritualmente, mas também as apoiado como uma ouvinte em relação às suas lutas físicas diárias. E em reuniões de mulheres tem sido comum ouvir sobre a endometriose, com relatos que me lembram da mulher do fluxo de sangue. A Bíblia não relata o nome da doença enfrentada por ela, mas é possível supor qual seja a partir dos elementos deixados no texto.

A endometriose consiste em um funcionamento anormal do organismo que, ao invés de expulsar as células descamadas do endométrio na menstruação, permite que algumas continuem dentro do corpo da mulher, costumeiramente indo para os ovários ou para outras partes do abdome. Assim, as células passam a se multiplicar e a sangrar em locais que não são próprios para lhes receberem (BRASIL, 2023)[9].

O endométrio é uma membrana que reveste a parede interna do útero, que tem como função implantar o óvulo fertilizado. Assim, se não há fecundação, tem a sua maior parte eliminada durante a menstruação. Entretanto, em algumas mulheres e por causas que ainda não são plenamente confirmadas, durante o período menstrual, partes do endométrio são transportadas para outros órgãos do corpo, gerando a endometriose (VARELLA, 2023)[10].

De acordo com o Ministério da Saúde, os principais sintomas da doença são: cólicas menstruais que incapacitam a mulher de exercer as suas atividades habituais; dor e sangramento ao urinar e evacuar, principalmente durante o período menstrual; diarreia; fadiga; dor durante as relações sexuais; e dificuldade de engravidar (BRASIL, 2023)[11].

Apesar de não ser um dos sintomas principais citados pelo Ministério da Saúde, mulheres com endometriose tam-

---

[9] BRASIL, Ministério da Saúde. **Endometriose.** Biblioteca Virtual em Saúde. Disponível em: https://bvsms.saude.gov.br/endometriose/. Acesso em: 10 maio 2023.

[10] VARELLA, Drauzio. **Endometriose.** Disponível em: https://drauziovarella.uol.com.br/mulher/endometriose/. Acesso em: 10 maio 2023.

[11] BRASIL, Ministério da Saúde. **Endometriose.** Biblioteca Virtual em Saúde. Disponível em: https://bvsms.saude.gov.br/endometriose/. Acesso em: 10 maio 2023.

bém apresentam queixas de um sangramento uterino anormal, isto é, com menstruações mais frequentes, com maior duração ou com fluxos excessivos se comparados com os normais (FAÚNDES, 2023)[12].

Todavia, não é porque a mulher não apresenta nenhum dos sintomas citados que ela não terá endometriose, visto que a doença também pode se apresentar de forma assintomática (VARELLA, 2023)[13]. Estima-se que uma em cada dez mulheres sofre com endometriose no Brasil (ABREU, 2023)[14]. Assim, a melhor recomendação é sempre estar em dia com os exames ginecológicos.

O exame ginecológico clínico consiste no primeiro passo do diagnóstico, que é acompanhado de exames laboratoriais e de imagem, podendo chegar na necessidade de realização de biópsia para se ter uma certeza (VARELLA, 2023)[15].

Apesar de atualmente existirem exames para detectar a doença, estudos apontam um longo tempo para que o

---

[12] FAÚNDES, Daniel. **O que é endometriose?** Disponível em: https://www.drdanielfaundes.com.br/o-que-e-endometriose/. Acesso em: 10 maio 2023.

[13] VARELLA, Drauzio. **Endometriose.** Disponível em: https://drauziovarella.uol.com.br/mulher/endometriose/. Acesso em: 10 maio 2023.

[14] ABREU, Jade. Agência de saúde do DF. **Endometriose afeta uma em cada 10 mulheres:** para conscientizar sobre a doença, 7 de maio é o dia internacional da luta contra endometriose. Disponível em: https://www.saude.df.gov.br/web/guest/w/endometriose-afeta-uma-em-cada-10-mulheres#:~:text=Uma%20em%20cada%2010%20mulheres%20no%20Brasil%20sofre%20com%20os,n%C3%A3o%20for%20tratada%20e%20diagnosticada. Acesso em: 10 maio 2023.

[15] VARELLA, Drauzio. **Endometriose.** Disponível em: https://drauziovarella.uol.com.br/mulher/endometriose/. Acesso em: 10 maio 2023.

diagnóstico seja efetivado (SANTOS, 2023)[16]. A demora no diagnóstico, de acordo com especialistas, pode ser agravada por três fatores: paciente considerar como normal ter dores no período menstrual ou durante as relações sexuais; não realização de exames necessários, em razão da falta de aprofundamento médico diante de queixas; e exames realizados por profissionais que não são treinados ou acostumados a identificar a doença, visto que ela não é tão facilmente percebida nas fases iniciais (BASSETTE, 2023)[17].

Mulheres com endometriose têm maiores traços de estresse e ansiedade, o que gera um impacto negativo no sistema imunológico e, consequentemente, um maior agravamento da doença. E é por esse motivo que a prática de atividades físicas, especialmente de exercícios aeróbicos, faz parte do tratamento, visto que aumentam a imunidade e podem contribuir com a diminuição do estresse (VARELLA, 2023)[18].

Aliás, sobre o tratamento, ainda não há um consenso a respeito dele, porém vem sendo indicado um acompanhamento multidisciplinar, envolvendo um mix de utilização de medicamentos ministrados por médico especialista, ativi-

---

[16] SANTOS, T. M. V. et al. **Tempo transcorrido entre o início dos sintomas e o diagnóstico de endometriose.** Disponível em: https://journal.einstein.br/wp-content/uploads/articles_xml/1679-4508-eins-S1679-45082012000100009/1679-4508-eins-S1679-45082012000100009-pt.pdf. Acesso em: 10 maio 2023.

[17] BASSETTE, Fernanda. **Endometriose:** por que o diagnóstico correto demora anos? Viva Bem: UOL. Disponível em: https://www.uol.com.br/vivabem/noticias/redacao/2022/07/26/endometriose-por-que-o-diagnostico-correto-demora-anos.htm. Acesso em: 10 maio 2023.

[18] VARELLA, Drauzio. **6 fatos sobre endometriose.** Disponível em: https://drauziovarella.uol.com.br/mulher/ginecologia/6-fatos-sobre-endometriose/. Acesso em: 10 maio 2023.

dade física e mudança alimentar, principalmente no tocante a exclusão de alimentos inflamatórios e suplementação de alguns nutrientes (NEUMANN et al, 2023)[19]. Em casos mais severos são realizadas cirurgias para a retirada de focos de endometriose nos órgãos afetados.

A doença merece atenção, visto que pode impactar significativamente a vida da mulher que dela é portadora. Há estudos que mostram que a endometriose afeta o desenvolvimento social das mulheres, pois a fadiga, as dores incapacitantes e os intensos fluxos causam sentimentos de insatisfação, provocando depressão, busca por isolamento, diminuição de autoestima e falta de confiança (PINHEIRO, 2023)[20].

Se a doença possui tamanhos impactos atualmente, imagine o que mulheres que conviviam com ela no tempo de Jesus podiam sofrer.

A Bíblia diz que a mulher do fluxo de sangue passou por diversos médicos, gastou tudo o que tinha, mas não encontrou uma solução para o seu problema. Se até hoje a endometriose não é facilmente diagnosticada, mesmo com todo o avanço tecnológico que vivemos, realmente acredito que aquela mulher pode ter sido portadora desta doença.

---

[19] NEUMANN, R.; FARIAS, N. L.; RIZZI, T.; PRETTO, A. D. B. Influência da alimentação indivíduos com endometriose: uma revisão sistemática. **RBONE - Revista Brasileira de Obesidade, Nutrição e Emagrecimento**, v. 17, n. 106, p. 21-36, 25 fev. 2023. Disponível em: http://www.rbone.com.br/index.php/rbone/article/view/2190/1340. Acesso em: 10 maio 2023.

[20] PINHEIRO, B. S. M. **O impacto da endometriose na qualidade de vida da mulher em idade fértil.** Disponível em: https://repositorio.ipv.pt/bitstream/10400.19/7245/1/BarbaraSofiaMartinsPinheiro_DM.pdf. Acesso em: 10 maio 2023.

As escrituras não dão mais detalhes sobre o que ela sofria, porém é possível imaginar que, por causa do constante sangramento, a mulher do fluxo de sangue também tinha que conviver com uma anemia constante. E quem já teve anemia sabe que a pessoa sente-se cansada em todos os momentos, apresenta palidez em sua pele e percebe que o seu cognitivo está mais lento (BRASIL, 2023)[21].

A Bíblia não relata se ela tinha outros sintomas além do fluxo de sangue contínuo, porém pense no sofrimento que seria ter cólicas contínuas e incapacitantes durante doze longos anos. A possibilidade me causa arrepios.

O intenso fluxo, a impossibilidade de estar perto de quem ama por causa da lei judaica que dizia que ela era impura, o isolamento, a impossibilidade de conhecer novos ambientes, fraqueza e dores constantes...Tente imaginar o que uma mulher teve que viver por doze anos.

Todo o cenário me faz pensar em uma palavra: resistência!

De acordo com o dicionário, alguns dos significados para a palavra resistência são: qualidade de quem é persistente; qualidade do que é firme, durável e sólido; capacidade que o ser humano tem de suportar a fadiga; não aceitação da opressão; e recusa do que é considerado contrário ao interesse pró-

---

[21] BRASIL, Ministério da Saúde. **Anemia**. Disponível em: https://bvsms.saude.gov.br/anemia/#:~:text=Os%20principais%20sinais%20e%20sintomas,crian%C3%A7as%20muito%20E2%80%9Cparadas%E2%80%9D). Acesso em: 11 maio 2023.

prio[22] (MICHAELIS, 2023). Todos os significados citados me lembram da mulher do fluxo de sangue, pois me fazem comparar a vida diária dela como uma prova de resistência.

Você já deve ter assistido pela televisão o anúncio ou a realização de alguma maratona ou de provas com diversos obstáculos. Lembro-me claramente de algumas em que, juntamente com a prova, são exibidas entrevistas dos participantes nas quais eles dizem o motivo pelo qual vencerão as provas e conquistarão o primeiro lugar.

Alguns atribuem a possível vitória ao seu treinamento militar, outros à sua inteligência, outros à sua força de vontade... Fato é que já vi pessoas que aparentavam ter um exímio preparo serem eliminadas na prova, e pessoas que inicialmente pareciam fracas vencerem todos os obstáculos.

Há um motivo, afinal, para as provas serem denominadas como "de resistência". Provavelmente você já ouviu ou leu sobre a aplicação de que quem vence a maratona não é o mais rápido no início, que gasta toda a sua energia na largada, mas sim quem é constante e guarda energia para correr nos últimos instantes.

A resistência nos ensina sobre a necessidade de persistir, de não parar diante dos obstáculos, de seguir em frente mesmo que a passos de tartaruga. A tartaruga chega ao destino planejado, ela persiste quando parece que todos estão na frente, pois sabe que sem comparação poderá realizar o que almeja.

---

[22] MICHAELIS. Dicionário brasileiro da língua portuguesa. **Resistência.** Disponível em: https://michaelis.uol.com.br/moderno-portugues/busca/portugues-brasileiro/resist%C3%AAncia/. Acesso em: 12 maio 2023.

Eis um pensamento importante! Você pode estar em uma maratona, em uma prova de resistência, mas diferentemente das competições exibidas na televisão, o seu desafio não envolve ser melhor ou mais rápido do que outra pessoa. A sua maratona diz respeito a não parar, a não desviar o seu alvo, a não desistir de você, dos seus objetivos e de lutar pela sua salvação.

Isso me lembra de uma maratona que o Rô participou. Ele não estava no seu melhor preparo físico, em razão de muitos compromissos pastorais na semana e no próprio sábado que antecedia a corrida. Correu 42 km, porém quando estava em seus 21 km, por minutos, pensou em desistir.

Estava cansado fisicamente e mentalmente esgotado. Quando de repente apareceu um "anjo" chamado André, membro de nossa comunidade de fé, que o impulsionou e o ajudou a levar a sua carga. André pediu que meu esposo lhe entregasse a sua blusa de frio, que não era mais necessária por causa do intenso movimento e do sol escaldante que havia surgido, deu-lhe água e o incentivou a terminar. De acordo com o Rô, o alívio do peso e do calor, bem como o estímulo, deram-lhe foco e determinação. Com isso, ele manteve a sua resistência, e apesar de muita canseira física e emocional, concluiu a maratona com sucesso.

A mulher do fluxo de sangue, sem querer dar um *spoiler* dos próximos capítulos, mas consciente de que você conhece a história –, foi constante em sua luta durante os doze anos de sofrimento, demonstrando uma incrível resistência ao se aproximar de Jesus.

Ela ouviu falar de Sua fama e acreditou que se ela apenas tocasse nas vestes de Jesus, seria curada. Apesar de todas as dificuldades que enfrentou, decidiu resistir à adversidade e buscar a cura que tanto desejava. Ela enfrentou diversos obstáculos e precisou se esforçar para atravessar a multidão que o cercava.

Ela teve que lidar com a pressão social e as crenças culturais da época que a consideravam impura. No entanto, sua resistência a levou a perseverar e lutar contra todas as probabilidades, inspirando-nos a resistirmos às dificuldades e obstáculos que enfrentamos em nossas vidas. Ela não desistiu, apesar de sua condição prolongada e das falhas anteriores nos tratamentos médicos. Podemos aprender, então, a perseverar em meio às tribulações e a acreditar que Deus pode nos trazer vitória.

Ela enfrentou o estigma social e as crenças culturais da época. Não permitiu que o julgamento dos outros a impedisse de buscar Jesus. Em nossas vidas, também podemos enfrentar pressões sociais que nos desencorajam de seguir a Deus. No entanto, devemos resistir a essas influências negativas e buscar a Deus com fé.

Assim como aquela mulher, precisamos ter fé e acreditar na cura quando enfrentamos situações difíceis e somos tentadas a desistir, a nos entregar ao desespero. A condição dela poderia tê-la deixado desesperada e sem esperança; no entanto, ela escolheu resistir ao desânimo e acreditar na possibilidade de cura.

RELATOS DE MULHERES

Depois da gravidez da minha filha mais nova, percebi uma alteração em meu ciclo menstrual... eu nunca havia tido cólicas antes, mas passei a ter. Cada mês foi se intensificando, e os médicos me disseram que eu estava com adenomiose[23], uma espécie de inflamação uterina, que causa um aumento do fluxo sanguíneo e muita dor... Sofri por oito anos, com dores intensas, até tomar coragem de retirar meu útero. Não foi uma decisão nada fácil, sabendo o que o útero representa para a mulher, mas hoje, quase dois anos após a cirurgia, sei que tomei a decisão certa.

Amanda Poffo

---

[23] Adenomiose é conhecida como a "prima" da endometriose. Acontece quando as células do endométrio crescem de forma anormal dentro da cavidade uterina, podendo causar cólica intensa, sangramento prolongado e dificuldade para engravidar, assim como a endometriose. MINISTÉRIO DA SAÚDE. **Adenomiose:** SUS realizou 11.463 procedimentos ambulatoriais em 2021. Disponível em: https://aps.saude.gov.br/noticia/16717#:~:text=A%20adenomiose%20%C3%A9%20uma%20altera%C3%A7%C3%A3o,-muscular%20desse%20%C3%B3rg%C3%A3o%2C%20o%20miom%-C3%A9trio. Acesso em: 29 maio 2023.

Os dias eram exaustivos, alguns com dores fortes e crises hemorrágicas intensas, vontade de chorar. Jesus me mostrou que essa carga poderia ser leve e eu poderia sorrir.

Telma Alves

A jornada de uma mulher com uma doença crônica tende a ser uma jornada, por muitas vezes, solitária. Por mais que as pessoas nos amem e se importem, muitas vezes nos sentiremos profundamente sozinhas. A dor nos rouba muitas coisas... ela rouba nossa identidade, nossos sonhos e os planos de um futuro seguro. Não foi diferente comigo, sofri desde os meus 11 anos com dores incapacitantes. E como doía não poder viver o simples, a rotina ordinária de uma simples criança. Eu sentia que a dor arrancava tudo. Uma pequena criança, que já carregava um medo enorme dentro de si. E realmente, esse é um processo em que nos veremos "sozinhas" até entendermos que existe um lugar secreto, um lugar de difícil acesso, mas um lugar onde tristeza alguma nos alcança;

um lugar onde nossa identidade é restaurada e no qual somos preenchidas pela certeza de que o Pai nos chama de Filhas. Esse lugar tão íntimo é o coração de Deus. E hoje, eu sei que para chegar a esse lugar é preciso coragem. Coragem em reconhecer que precisamos ser completamente dependentes Dele. E coragem de nos permitirmos viver a totalidade dos sonhos e projetos Dele para nossas vidas, sendo os mesmos que os nossos, ou não. Ao encontrar esse lugar, nosso coração descansará na certeza de que Ele não errou ao nos formar, Ele preenche cada lacuna... Ele já esteve em nosso futuro! O mesmo Deus que soprou o ar em nossas narinas é o Deus que cuidará de nós para todo sempre.

Juliana Belizario

Assim que fiz 30 anos, comecei a ter dores pélvicas e sangramentos intensos que me faziam até desmaiar. Foi quando, através de exames de imagem, foi descoberto um tumor benigno em um dos meus ovários. A cirurgia foi marcada às pressas devido ao tamanho do tumor e durante o procedimento a equipe médica também descobriu focos de Endometriose e uma má-formação uterina congênita com bloqueio de tuba uterina que resultava num diagnóstico complexo de infertilidade. Com anos de ausência de menstruação, pós-cirúrgica, sem uma das tubas uterinas, apenas um dos ovários, o útero "pela metade" e tentativas falidas de gravidez, segui considerando minha impossibilidade de me tornar mãe. À beira dos meus 37 anos, entretanto, Deus me enviou a Beatriz, meu maior milagre, reforçando que não existe doença ou "útero sem vida" que Ele não possa modificar.

Luciana Soares Dall' Aqua

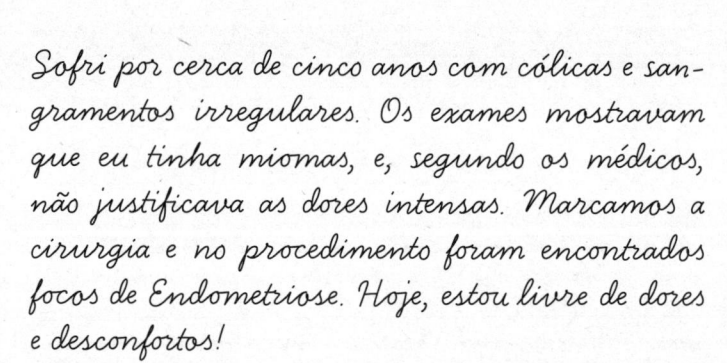

Sofri por cerca de cinco anos com cólicas e sangramentos irregulares. Os exames mostravam que eu tinha miomas, e, segundo os médicos, não justificava as dores intensas. Marcamos a cirurgia e no procedimento foram encontrados focos de Endometriose. Hoje, estou livre de dores e desconfortos!

Talita Frandini

Durante oito meses, enfrentei um sangramento contínuo, e isso gerou em mim um misto de medo, dor, angústia e diversos questionamentos. Por que isso estava acontecendo comigo? No entanto, Deus me respondeu, revelando que eu precisava manter a minha firmeza, não desistir e acreditar na cura. A partir desse momento de compreensão, encontrei a força necessária para seguir adiante.

Cristiane Lucena

Desde muito nova sofri com muitas cólicas no período menstrual. Quando casei, em 2014, comecei a fazer exames de rotina todos os anos e nunca me informaram que eu tinha endometriose. Em 2019, quando resolvi trocar de médico, pois estava notando algumas coisas diferentes em meu organismo, logo a princípio o novo médico constatou que eu tinha endometriose; fazendo alguns exames simples e respondendo a algumas perguntas básicas como: "Você sofre com muitas cólicas? O seu fluxo de sangue é muito intenso? Você sente que nos dias que está menstruada seu intestino muda?" Todas as respostas foram "sim".

Comecei o tratamento para endometriose em julho de 2020, que consiste basicamente em tomar um remédio contínuo para não menstruar, porque cada vez que há menstruação, a endometriose piora. O tratamento seria tomar a medicação por seis meses e depois começar o processo para engravidar. Então, seis meses se passaram, parei de tomar a medicação, e foi aí que tudo começou a piorar. Em Março de 2021, como havia parado a medicação e estávamos tentando engravidar, a expectativa começou a ser gerada. Naquele mês, minha menstruação atrasou e comecei a sentir minha barriga ficando inchada; pensei comigo: estou grávida!

Estava superfeliz até que quatro dias depois o sangue veio, porém minha barriga continuava a inchar. Foi aí que entrei em contato com meu médico, enviando uma foto de como estava minha barriga. Ele se assustou muito e pediu para eu ir no consultório urgente. Fez alguns exames e solicitou que eu fizesse uma ressonância urgente, pois estava preocupado. Fiz a ressonância e foi constatado que eu estava com um cisto de endometrioma de 18 cm, pesando 2kg no ovário direito. A princípio, o médico ficou aliviado, pois ele imaginava que poderia ser um sarcoma, um câncer rápido e bem agressivo, já que tudo apareceu rapidamente, mas graças a Deus não era. Porém, precisei operar às pressas, pois corria o risco do cisto torcer. Operei e, infelizmente, perdi o ovário e a trompa direita, porque o cisto estava dentro do ovário. Fiquei muito triste, pois, como ainda não sou mãe, comecei a ficar preocupada que isso pudesse dificultar o processo de engravidar, mas meu médico disse que o outro ovário estava bom e que era super possível engravidar com apenas um ovário. Três meses após a cirurgia, fiz um exame transvaginal para saber como estava o outro ovário, e foi constatado outro cisto de endometrioma crescendo no outro ovário. Foi aí que ficamos muito preocupados, pois mesmo usando a medicação para o controle da endometriose não estava adiantando.

Fui encaminhada para profissionais de reprodução humana, passei em três médicos, e os três disseram a mesma coisa: Thais, sua endometriose é muito agressiva e seu organismo não responde à medicação; então, se você parar de tomar a medicação acontecerá a mesma coisa que aconteceu com o outro ovário, o cisto vai crescer muito rápido e você perderá esse único ovário que lhe resta. A única opção para você é fazer FIV. Psicologicamente fiquei muito abalada, pois não aceitava precisar fazer um procedimento desse nível para conseguir engravidar, mas o tempo foi passando e o Senhor foi trabalhando no meu coração, e aceitei fazer a FIV. Fiz em Setembro de 2022, tomei todas as medicações corretamente. Confesso que só quem passa por uma FIV sabe como é difícil, doloroso e como a expectativa criada é grande. Estávamos certos de que iria dar tudo certo, porém, no dia 26/10/2022, fiz o Beta HCG e o resultado foi negativo. Nossa, foi a pior notícia que eu poderia receber naquele momento. Meu chão se abriu e ficamos muito tristes, passamos dias com essa dor no coração. Comecei a me questionar e achar que o Senhor não queria que eu fosse mãe. Pensava que eu tinha o organismo péssimo, que não conseguia gerar. Enfim, muitas coisas tristes, mas graças a Deus, com o passar dos dias, o Senhor nos trouxe paz e acreditamos que quem dá o fôlego de vida é o Senhor, e no tempo Dele tudo acontecerá. E cremos que logo o Senhor dará nossa vitória.

Thais Rodrigues

Aos meus 21 anos, comecei a ter muita dor pélvica e sangramento sem cessar. Fui diagnosticada com endometriose profunda e tive que passar por uma cirurgia de emergência, na qual foi tirado mais de 40cm de hematomas em todos os meus órgãos, além de descobrir que os meus ovários estavam obstruídos...

Após tudo isso, todos os médicos desacreditavam que eu conseguiria engravidar, mas confesso que nunca deixei isso entrar e alimentar o meu coração, pois eu cria que aquilo que Ele tinha me prometido se cumpriria, isto é, que eu geraria.

Após alguns anos de lutas e dores, o Espírito

Santo me levou a entregar tudo nas mãos Dele, todos os remédios, métodos de tratamento. Foi quando eu decidi entregar, abrir mão de tudo, e após quatro meses descobri que estava grávida. Ele me tocou, Ele me curou.

E em Junho de 2023 nascerá minha pequena Heloísa (significa saudável), nosso milagre de Deus.

Aquilo que era impossível para os homens, para Deus, era apenas uma forma de glorificar ainda mais o Nome Dele! Fui tocada pelas vestes Dele, e o que me sustentou todo esse tempo de luta foi a palavra de Deus, principalmente as histórias da mulher do fluxo de sangue e de Ana. Ou seja, quando entregamos tudo nas mãos Dele, quando corremos ao encontro Dele, Ele opera; e tudo o que Ele faz é para o nosso melhor. Precisamos descansar e confiar. Ele é fiel para derramar a sua presença, que é suficiente para nós, e para tocar em lugares que precisam ser transformados para a honra e glória do nome Dele!

Mayra Baptista de Alencar

3

Floresça na luta da vida

"Ela padecera muito sob o cuidado de vários médicos e gastara tudo o que tinha, mas, em vez de melhorar, piorava".
Marcos 5:26.

QUAL O LIMITE DA FRAGILIDADE? SE ESTIVÉSSEMOS EM SITUAÇÃO SEmelhante, eu e você provavelmente também tentaríamos tudo o que fosse possível para alcançarmos a cura de nossa doença. O problema, entretanto, é que quando estamos em tamanha vulnerabilidade, podemos nos submeter a situações que não nos submeteríamos em situações normais.

Confesso que me incomoda quando leio que ela gastou tudo o que tinha com os médicos, mas só piorava. Há doenças, como a endometriose, que até hoje envolvem uma demora no diagnóstico e requerem exames que não existiam naquela época.

Então, me pergunto: até que ponto houve boa-fé daqueles que a atendiam? Será que alguns não se aproveitaram dela? Será que houve quem viu sua fragilidade e quis indicar tratamentos para receber um pouco de seus recursos?

Por causa das leis judaicas acerca da necessidade de se manter separada por ser considerada impura[24], é possível que a mulher do fluxo de sangue tenha tido que lidar sozinha com os médicos que lhe eram apresentados, bem como com as "fontes milagrosas" que recomendavam. E a falta de apoio pode ter sido um agravante para que ela, ao longo dos anos, perdesse os seus recursos.

Hoje não há um isolamento tal como aquele enfrentado por ela. Não podemos dizer que o vivido na pandemia foi semelhante, pois não foi. Mesmo quem precisou ficar trancado em um quarto tinha condições de se comunicar com outras pessoas por meio das redes sociais. Apesar dessa constatação, há pessoas que se isolam por conta própria e acabam suscetíveis às ações de aproveitadores.

Não quero que pense que todos querem se aproveitar de você, nada disso. Quero apenas que entenda que, em casos de fragilidade, é interessante contar com o conselho dos sábios e/ou experientes. Há pessoas que podem lhe amparar durante os momentos ruins, não é possível que você seja tão antissocial ao ponto de afirmar que não pode contar com ninguém. Seja verdadeira consigo e com os outros, assuma que você pode contar com alguém.

---

[24] Referência a Levítico 15:19-33.

Quero alertá-la sobre um fato muito importante. Quando uma mulher se encontra em um estado emocional extremamente difícil, as consequências podem ser profundas e afetar diversos aspectos de sua vida. A vida emocional de uma mulher desempenha um papel fundamental em sua saúde e bem-estar geral. No entanto, quando ela se encontra em um estado muito difícil emocionalmente, as consequências podem ser impactantes e abrangentes.

Mulheres em um estado emocional muito difícil estão propensas a experimentarem muitos problemas emocionais, como ansiedade, depressão, estresse crônico e transtornos relacionados ao trauma. A sobrecarga emocional constante pode levar ao esgotamento emocional e físico, prejudicando a capacidade de lidar com os desafios cotidianos.

Além disso, o estado emocional difícil pode afetar a capacidade de uma mulher de se relacionar e de se envolver com os outros. Ela pode experimentar dificuldades em estabelecer e manter relacionamentos saudáveis, tanto românticos quanto interpessoais. A baixa autoestima, a falta de confiança e a autocrítica constante podem criar barreiras para o desenvolvimento de vínculos significativos e saudáveis.

Outra consequência é a diminuição da qualidade de vida. Quando uma mulher está passando por um estado emocional muito difícil, sua capacidade de desfrutar da vida e de encontrar satisfação em atividades cotidianas pode ser significativamente comprometida. O prazer e o interesse por hobbies, trabalho e interações sociais pode diminuir, resultando em uma sensação geral de vazio e falta de propósito.

Fico imaginando o quanto o emocional da mulher da nossa história já estava esgotado. Por causa das buscas constantes por ajuda e de gastar tudo o que tinha, ela não tinha condição alguma de compreender que alguns médicos que passaram por ela estavam sendo aproveitadores dessa situação.

A Bíblia não relata e nunca li nada que indicasse um possível aproveitamento sexual. Porém, não posso deixar de pensar que, em exames ginecológicos, ela também foi explorada, em razão de sua vulnerabilidade, visto que é uma situação que infelizmente ainda acontece nos dias de hoje. Por outro lado, as explorações nos aspectos emocional, por meio das promessas de cura, e financeiro, por meio da informação de que ela gastou tudo o que tinha, podem ser percebidas nas Escrituras Sagradas.

Por atender o público feminino em aconselhamentos pastorais, conheço histórias de mulheres que não são muito diferentes da mulher do fluxo de sangue; elas se encontram com o emocional tão abalado que não percebem quando tomam decisões que são totalmente prejudiciais para as suas vidas.

A vulnerabilidade é um estado delicado que pode afetar profundamente a vida de uma mulher. Quando ela se encontra em uma situação de extrema vulnerabilidade, as consequências podem ser avassaladoras.

Em minha sala pastoral, ouvi histórias diversas de mulheres em relacionamentos abusivos, físicos e psicológicos, e isso me trouxe uma certa indignação comigo mesma. Algo dentro de mim me fez entender que eu precisava fazer algo por essas mulheres, que eu precisava combater essa luta, pois a dor delas agora era a minha dor. Foi então que Deus gerou em meu coração o projeto "Por Todas Nós", que consiste em irmos na contramão da religiosidade e lutarmos contra a violência doméstica em lares cristãos.

> Uma vez que a violência doméstica é estabelecida, o medo, a vergonha e o desejo de manter assuntos da família em privado inibem as denúncias. Além disso, quando enfim pedem socorro, muitas mulheres não recebem o apoio necessário. Essa situação tende a se agravar ainda mais entre as cristãs. Ao buscar ajuda em suas comunidades religiosas, grande parte das vítimas se depara com a falta de empatia e surge um conselho: o de voltar para o marido abusador e orar (CÉSAR, 2021)[25].

Muitas mulheres não entendem o verdadeiro conceito de submissão, por isso estão presas a um errado entendimento, no qual submissão é escravidão, é obedecer a uma autoridade com autoritarismo. Porém, o padrão de Jesus para submissão está ligado ao apoio, ao suporte. A mulher foi feita para ser auxiliadora, ou seja, ser aquela que ajuda, aconselha, socorre, suporta.

Entenda algo, Deus colocou o homem como o sacerdote do lar, e isso significa que Deus dará a ele a missão desse lar. Cabe a você entender essa missão, e o acompanhar sendo uma ótima conselheira e auxiliadora. Muitos homens não estão assumindo seu papel no lar e até mes-

---

[25] CÉSAR, Marília de Camargo. **O grito de Eva:** a violência doméstica em lares cristãos. Thomas Nelson Brasil: 2021 (informação presente na orelha do livro).

mo na sociedade, porque muitas mulheres assumiram as funções masculinas.

Porém, não são todas as mulheres que estão em realidades assim, muitas estão, como eu disse, em relacionamentos abusivos e perdendo suas vidas.

> No Brasil, uma mulher é estuprada a cada onze minutos; cinco mulheres são espancadas a cada dois minutos; um feminicídio ocorre a cada duas horas; 503 mulheres são agredidas a cada hora. A contradição de uma sociedade que se declara 87% cristã, ao mesmo tempo que ocupa o 5º lugar no ranking mundial dos países mais violentos contra as mulheres, não pode ser mais aceita[26] (CÉSAR, 2021).

Com o Movimento Flores, nosso ministério de mulheres da ADAI[27], por meio do projeto "Por Todas Nós", declaramos a vida de Jesus sobre essas mulheres, porque não foi para viverem assim que Jesus pagou um alto preço por elas. Oferecemos ajuda pastoral, psicológica e jurídica, além de grupos de escuta coletiva e individual.

Sei que somos muito pequenas perto do tamanho desse problema, talvez não consigamos mudar o mundo todo nesse assunto, porém temos tentado mudar o mundo de alguém. Muitas mulheres estão sendo restauradas por meio

---

[26] CÉSAR, Marília de Camargo. **O grito de Eva:** a violência doméstica em lares cristãos. Thomas Nelson Brasil: 2021, p. 11.

[27] Igreja Assembleia de Deus Alto do Ipiranga, pastoreada por Rodrigo Soeiro e Tati Soeiro.

desse projeto, podendo entender e viver a vida que Cristo as convida a viver no evangelho de João 10:10, isto é, "eu vim para que tenham vida, e a tenham plenamente".

Como Jesus tratou as mulheres? Ele lhes deu autonomia, resgatou a dignidade, devolveu o direito à voz. Ele simplesmente contou uma das notícias mais importantes de sua missão a uma mulher, revelando-se pela primeira vez como o Messias para a mulher samaritana, uma mulher que, até ter o maior encontro da sua história, era a mulher mais desprezada de sua comunidade. Quando Maria escolheu ficar aos seus pés e aprender com Jesus, Ele disse que ela escolheu a melhor parte e isso não lhe seria tirado. Maria Madalena, aaaah Madalena, foi a primeira a ver o Cristo ressurreto.

O teólogo e pensador irlandês C.S. Lewis descreve que a autoridade do homem sobre a mulher só existe sob a condição de entrega e amor sacrificial (LEWIS, 2017)[28]. Por esse motivo, entendo que:

> Enfrentar as diversas violências contra as mulheres requer mudanças dos homens, das mulheres, das crenças, da educação dos filhos e das filhas, ou seja, é um esforço que atravessa toda a sociedade. (CÉSAR, 2021)[29]

É importante destacar que, embora as consequências de um estado emocional difícil possam ser avassaladoras,

---

[28] LEWIS, C. S. **Os quatro amores**. Thomas Nelson Brasil: 2017, p. 142.

[29] CÉSAR, Marília de Camargo. **O grito de Eva:** a violência doméstica em lares cristãos. Thomas Nelson Brasil: 2021, p. 13.

há esperança e suporte disponíveis. Procurar ajuda profissional, como terapia ou aconselhamento, podem ser fundamentais para iniciar um processo de cura e recuperação. O apoio de amigos, familiares e grupos de apoio também pode desempenhar um papel significativo na jornada de superação.

Lembrar-se de que você não está sozinha e de que há recursos disponíveis é essencial. Cuidar da saúde emocional é um passo importante para reconstruir e fortalecer a sua vida.

Entrar em um relacionamento abusivo é algo que ninguém planeja ou deseja, mas infelizmente pode acontecer com qualquer pessoa. Quero que saiba que você não está sozinha, que estou aqui para oferecer meu apoio e palavras de encorajamento.

O abuso emocional, físico ou verbal é absolutamente inaceitável e não deve ser tolerado. Você merece ser tratada com respeito, dignidade e amor verdadeiro. Essas características são a base de qualquer relacionamento saudável e feliz.

Não se culpe pelo abuso que está sofrendo. A culpa é exclusivamente do agressor, e você não tem a responsabilidade de mudá-lo. Sua segurança e bem-estar são prioridades. Procure estabelecer um plano de segurança, que inclua estratégias para se proteger e se afastar do agressor.

Tenha paciência consigo, pois a jornada para sair de um relacionamento abusivo pode ser difícil e complexa. Lembre-se de que você é forte e corajosa, capaz de reconstruir sua vida e encontrar um amor verdadeiro que a respeite e valorize.

Não desista de si mesma, querida amiga. Você merece ser amada, respeitada e cuidada de uma maneira saudável. Seja gentil consigo e lembre-se de que há esperança para um futuro melhor.

Se você está vivendo um caso de violência doméstica ou se vive em um relacionamento abusivo, entre em contato pelo e-mail contato@movimentoflores.com.br, para que possamos ajudá-la.

4

Floresça em sua fé

"[...] porque pensava: "Se eu tão somente tocar em seu manto, ficarei curada".
Marcos 5:28

NESTE INSTANTE, GOSTARIA DE CONVIDÁ-LA A EMBARCAR COMIGO EM uma jornada metafórica para explorar mais a fundo a história que estamos estudando ao longo deste livro. Imagine-se transportada para um cenário de pura imaginação, no qual as palavras ganham vida e as histórias se desenrolam como um filme colorido em nossa mente. Enquanto mergulhamos nessa narrativa, somos desafiadas a olhar para além das palavras escritas e a encontrar os segredos ocultos nas entrelinhas. Cada frase, cada metáfora, é um convite para explorar os recantos mais profundos de nossa própria existência e encontrar respostas que talvez estivessem adormecidas dentro de nós.

O tempo de menstruação estava próximo e ela estava preparada. Pelas leis do seu povo, precisava manter-se em isolamento. Ficar longe de seus amigos e familiares não era agradável, mas logo passaria. Sete dias se passaram, quando acreditava que o sangramento se findaria, ele não findou. Estranho, parece que até estava mais intenso.

Pode ser que ela tenha se questionado se havia comido algo diferente para provocar tal comportamento em seu corpo. Logo as coisas voltariam ao normal, como todos os meses. Mas o sangramento não parou. Um mês havia passado, e ela continuava naquela situação. Não tinha mais jeito, precisava de um médico.

Chamou logo o mais conhecido de sua cidade. Saúde não é brincadeira, não dá para arriscar. Ele receitou um chá de ervas, que ela tomou por dois meses. E quando acreditava que iria cessar, quando as cólicas deram uma trégua, sentiu algo espesso tocar as suas vestes.

Outro médico da sua vizinhança foi chamado, e junto com ele foram receitados outros métodos de cura. Quando o tratamento novamente fracassou, um após um, todos os médicos das cidades vizinhas foram chamados para curá-la. E com isso haviam se passado doze anos, e ela havia gastado todos os seus recursos em busca da cura.

Ela não aceitava aquela situação, queria viver novamente em comunhão com os seus amigos e familiares. O sangramento constante, as dores intensas, a palidez de sua pele e a fraqueza sem fim faziam parte de sua vida, mas ela não era feliz com aquela realidade.

O limite chegou, não dava mais! O que mais poderia ser feito? As suas forças estavam no fim, e os seus recursos já tinham se findado há certo tempo.

Apesar de estar separada das pessoas por meio de paredes, alguns dias tinha a felicidade de ouvi-las conversando. E era um daqueles dias com tal alegria. Ajustou os seus ouvidos e se concentrou para entender o que falavam. Não pense que ela fazia isso por ser uma fofoqueira. Nada disso, era apenas uma forma de não se sentir tão distante das pessoas.

Era um jeito de se sentir incluída, mesmo que por poucos momentos. É claro que as pessoas não sabiam que ela estava escutando, e se soubessem, nem conversariam por perto, mas ela gostava de pensar que fazia parte da conversa. Às vezes, até encenava possíveis respostas.

Naquele dia, algo estava diferente na conversa daquelas pessoas. Falavam sobre um nome que ela não havia escutado antes: Jesus. Quem era esse Jesus? E ela ouviu:

"Diz Madalena que o seu primo estava em uma festa de casamento, servindo os convidados, e que quando o vinho acabou, Jesus foi chamado por sua mãe para arrumar uma solução. Acredita que Ele falou para o primo de Madalena encher os potes de pedra com água - aqueles potes usados nas purificações cerimoniais - e depois servir? E sabe qual foi a surpresa? Quando foi servido, não era mais água, mas sim vinho![30]*"*

"Aaah, eu acredito! Meu tio é barqueiro e me contou algo que viveu com Jesus. Ele e os discípulos resolveram passar de um lado para o outro do mar. Era noite, e algumas pessoas tinham ido descansar, e uma delas era Jesus. Para a surpresa de todos que estavam no barco, sem qualquer aviso, uma tempestade muito forte chegou até eles e começou a entrar água na embarcação.

Os discípulos ficaram desesperados, e todos que estavam no barco também. Quer dizer, todos menos Jesus, porque, por incrível que pareça, Ele continuava dormindo. As ondas estavam muito fortes. Meu primo disse que até começou a clamar aos céus e pedir por socorro, porque acreditava que era o seu fim. Do jeito que a tempestade estava, nem quem sabia nadar conseguiria resistir.

Quando não conseguiram pensar em mais qualquer solução, acordaram Jesus e perguntaram se Ele não se importava com a morte de todos. Sabe

---

[30] Referência a João 2.

o que Ele fez? Levantou, disse para o vento e o mar se acalmarem, e todo o problema cessou. Pelas simples palavras Dele tudo mudou. Acreditam nisso?[31]"

"Meninas, como não acreditar? Ouvi dizer que, enquanto ele estava pregando, um paralítico que estava em uma maca foi descido pelo telhado de uma casa, para que chegasse até ele. Era a única opção do moço, já que tinha muita gente lá para ouvir Jesus. E, quando viu ele, Jesus disse: 'Filho, os seus pecados estão perdoados', e, em sequência, 'Levante-se, pegue a sua maca e vá para casa'; e não é que o homem fez isso mesmo? Ele foi embora andando[32]".

"Meninas, já ouvi tantas coisas sobre Ele! Contaram que Jesus já curou a sogra de um daqueles homens que andam com Ele. E olha que ela estava com uma febre alta e de cama![33] Ouvi falar que, quando ordenou, um espírito imundo saiu de um homem[34]".

"Vocês estão se esquecendo daquele homem que era leproso, e que Ele curou".

"É, não dá para ser enganação, como alguns dizem. São muitas evidências!"

"Nem acredito que poderemos ver com os nossos próprios olhos! Em poucas horas Ele estará aqui. O que será que vai acontecer?"

---

[31] Referência a Marcos 4:35-41.

[32] Referência a Marcos 2:1-12.

[33] Referência a Marcos 1:29-34.

[34] Referência a Marcos 1:21-28.

Jesus, Jesus, Jesus... É a minha salvação, é a minha última esperança! Será que Ele viria em minha casa? Como eu faria para chamá-lo para cá? Para as pessoas sou impura, seria um escândalo se Ele viesse até aqui! Falariam ainda mais Dele.

Por outro lado, se eu chegar até Ele... Não, não tem como. Uma multidão o acompanha, e eu não posso tocar em ninguém. Se eu tocar em alguém, prejudicarei a vida da pessoa, pois ela também será imunda. O que eu faço?

Não tem médico que me ajude, não tem remédio que cesse essa doença, mas tem alguém que dizem que acalma o mar e o vento, que faz paralítico andar, que cessa a febre de alguém, que expulsa espírito imundo, que cura da terrível lepra...

Se me reconhecerem antes que eu consiga chegar até Ele, é bem provável que me tirem de lá e me apedrejem. E assim eu morrerei. No meu estado atual, não será muito diferente. Não sei quanto tempo mais meu corpo conseguirá sangrar antes que eu sucumba. Posso ficar aqui e morrer ou posso me arriscar e também poder morrer. Porém, se eu conseguir chegar até Ele, tudo pode mudar.

É isso! Ele nem precisa saber que eu existo. Se Ele tem tanto poder, haverá um resquício desse poder em suas vestes. Se eu apenas tocar o seu manto, serei curada! Eu acredito em Jesus!

Jesus era a última e única esperança da mulher do fluxo de sangue naquele momento. Ela já tinha feito tudo o que podia, tudo o que estava ao seu alcance. Era o limite, era tudo ou nada.

Às vezes, nos vemos em situações semelhantes. Há momentos em que fazemos tudo o que é possível com os nossos recursos, em nossa humanidade, e que somente o Senhor pode intervir.

O interessante é que, por causa da nossa vontade de ter o controle de tudo, nem sempre reconhecemos que a atuação deve vir Dele. Erro nosso, porque há momentos que Ele só está nos esperando reconhecer que só Ele pode fazer, que Ele é o Senhor de nossas vidas, que agora o controle é Dele.

Quando tudo está tranquilo, quando tudo está favorável ao que planejamos, é fácil dizer que dependemos Dele. É bem fácil repetir: "Lancem sobre Ele toda a sua ansiedade, porque Ele tem cuidado de vocês" (1 Pe 5:7) ou afirmar que não se deve preocupar com a bebida, com a comida ou com a roupa, porque Ele cuida de tudo[35].

Diferente é estar em um momento em que você não consegue agir mais com suas próprias mãos, que não tem mais recurso algum, e reconhecer que depende Dele, e que somente Ele pode fazer algo por você. E mais, que confia no que Ele vai fazer, pois sabe que pode não ser o que você pede, mas que é o melhor e o necessário para a sua vida.

Aquela mulher não sabia o que enfrentaria a seguir, mas confiou. E é isso que eu entendo como fé: a capacidade de andar com Deus sem saber o que vem pela frente. É confiar verdadeiramente e reconhecer que você é dependente Dele.

---

[35] Referência a Mateus 6:25-34.

E sabe o que também é interessante? Se Jesus se fez carne, mas continuou sendo Deus, Ele poderia ter se dirigido para a casa daquela mulher, porque sabia do problema dela, tinha ciência da quantidade de tempo que durava o seu sofrimento. O Mestre não fez isso, entretanto.

Sabe o que aprendo com isso? Em certos momentos, Ele nos espera agir, sair da nossa zona de conforto, sair de lugares seguros, nos arriscar perante a multidão e ansiar pelo toque para realizar a mudança de nossa história. Então, tenha fé, agarre-se na esperança de que somente Ele pode fazer o que você necessita, mas também vá ao seu encontro para tocá-Lo.

"[...] Ele o protegeu e dele cuidou, como a águia que desperta a sua ninhada, paira sobre os seus filhotes, e depois estende as asas para apanhá-los, levando-os sobre elas" (Deuteronômio 32:10-11).

O autor de Deuteronômio, Moisés, usa a figura da águia para descrever a ternura paterna de Deus para com os israelitas. Basicamente, o versículo conta como a águia ensina os seus filhotes a voarem, isto é, por meio do exemplo e suporte.

Ela voa sobre eles para incentivá-los, estende as suas asas para recebê-los, toma-os sobre suas asas de costas e assim os fornece suporte, sustentando-os de tempos em tempos até que cheguem onde ela quer.

Assim, Deus demonstrou seu amor aos israelitas, formando-os por seu cuidado contínuo, cobrindo-os com sua nuvem, apoiando-os por sua providência, e, finalmente, levando-os para aquela boa terra que ele prometera a seus pais.

Para entendermos melhor, quero explicar como funciona o cuidado da águia com os seus filhotes:

A águia constrói o ninho de seus filhotes em uma rocha alta, podendo pesar até duas toneladas quando está concluído. Quando os filhotes nascem, passam três meses de suas vidas no ninho, sendo bem cuidados pela mamãe águia, em um lugar seguro e aconchegante. Porém, depois dos três meses, são surpreendidos, pois a mãe águia, de repente, joga para fora tudo que está confortável no ninho. É exatamente isso que a Bíblia quer dizer quando menciona que a mãe águia "desperta sua ninhada!"

O motivo pelo qual ela "desperta" o ninho é porque ela quer que seus bebês saiam e voem. Ela sabe que precisa ensiná-los a voar ou eles não sobreviverão. Para isso, além de deixar o ninho desconfortável para seus filhotes, ela agora empurra-os para fora do ninho.

Os filhotes, que não têm a menor ideia do que está acontecendo, e não sabem voar, despencam do céu. Acredito que muito assustados. Porém, logo em seguida, acontece umas das coisas mais lindas que o texto bíblico relata: a águia "paira sobre os seus filhotes, e depois estende as asas para apanhá-los, levando-os sobre elas."

A mãe águia aparece debaixo de seus filhotes, estende suas asas, pairando no ar os apanha em suas asas e leva-os de volta ao ninho.

Você acha que para por aí?

Chegando no ninho com seus filhotes, ela os empurra novamente, repetindo o processo sem parar até que finalmente os filhotes entendem que não têm outra escolha a não ser voar[36].

O Pastor T.D. Jakes disse, em uma das suas palestras no The Global Leadership Summit, que o filhote de águia aprende a voar caindo, pois em sua queda ele encontra o seu ritmo de voo[37].

Com a história da águia, quero que você entenda algo: a maioria dos filhotes não vai sair do ninho sem o empurrão, do mesmo modo que a maioria de nós também escolherá o conforto ao invés do desafio, a não ser que não tenha escolha.

Se você está sentindo que Deus a deixou cair e não faz a menor ideia do que está acontecendo em sua vida, na verdade, o que está acontecendo é que Deus está simplesmente lhe ensinando a voar. Antes que a sua queda vá longe demais, Ele chegará bem na hora para salvá-la, assim como fez com a mulher do fluxo de sangue.

Em minha vida tenho tido diversas experiências em sair da minha zona de conforto. Eu conto isso um pouco em meu primeiro livro *O Maior Encontro da História*. Porém, ainda continuo saindo do meu conforto constantemente, em diversas áreas. Aqui em casa, Deus usa o meu próprio esposo para que isso aconteça. Uma de nossas brincadeiras internas envolve eu dizer: "chega de me empurrar, eu já aprendi a voar, não quero mais cair dessas montanhas não (kkkkkk)".

---

[36] As informações sobre o comportamento da águia foram retiradas do livro *Nunca Desista*, de Joyce Meyer. MEYER, Joyce. **Nunca desista:** superando os desafios da vida com determinação. Bello Publicações: 2011.

[37] Palestra ministrada para um público privado, em um curso.

Brincadeiras a parte, sair da zona de conforto dói, mas como é recompensador quando podemos, com os nossos olhos, enxergar o que conseguimos através do empurrão de Deus, ou de alguém a quem Deus usa para que isso aconteça (não é mesmo, Rodrigo Soeiro? kkkk).

Voar não é fácil, porém quando encontramos o ritmo do nosso voo, e podemos ver o caminho que Deus possibilitou, percebemos, com certeza, um dos melhores presentes que podemos ter em nossas vidas, pois através disso encontramos o propósito de Deus pra nós.

Deus quer que você seja forte o bastante para voar acima das tempestades da vida e cumprir todos os planos que Ele tem pra você. Apenas tenha fé. Mesmo caindo de uma montanha, acredite, você não está caindo, está apenas encontrando o ritmo do seu voo. Apesar de não saber o que a espera à frente, creia que Deus já está lá lhe protegendo e sustentando com suas asas, como uma mãe águia sustenta os seus filhotes.

5

Floresça em sua vergonha

"Quando ouviu falar de Jesus, chegou-se por trás dele..."
Marcos 5:27

Já teve a experiência de tropeçar e cair em público, tendo todas as pessoas do local olhando ao mesmo tempo para você? Eu já, e posso dizer que não foi nada agradável. Imagine a seguinte cena:

Um restaurante simples, formado em uma casa, na rua da faculdade de Odontologia. Sábado no horário do almoço, com toda certeza lotado! Eu estava toda de branco, com um salto alto, muito bem arrumada, pois era dia de atendimento ao público.

Por ser um ambiente adaptado, para chegar ao banheiro, era preciso subir uma escada de madeira. Assim, antes de seguir para a fila do almoço, decidi ir ao banheiro. A subida foi concluída com sucesso, o problema aconteceu na descida. Não era a minha primeira vez descendo aquela escada, mas foi a minha primeira e única vez a usando como escorregador.

Não sei ao certo como tudo aconteceu, só sei que a junção de Tati, escada de madeira e salto alto não resultou em uma combinação perfeita naquele dia. Desequilibrei e tive a experiência de sentir os meus glúteos quicarem, desajeitadamente, do primeiro ao último degrau daquela escada. Cheguei ao final dela com muita dor, inclusive depois precisei de tratamento médico, pois ganhei um osso quebrado, e com uma tamanha vergonha. Não conseguia levantar o meu olhar por causa da vergonha de ter toda a minha turma de Odontologia vendo o meu tombo, bem como os alunos de vários outros cursos da faculdade.

Hoje, escrevo rindo da situação, mas garanto que não foi nada engraçado para mim, pois vi muitas pessoas rindo. Fui acudida por minhas amigas, pois também havia pessoas preocupadas com o meu bem-estar. Fato é: posso afirmar que já tive meu momento de vergonha na vida.

A minha experiência, apesar de parecer ter durado uma eternidade, durou apenas alguns se-

gundos. Um pequeno tempo, mas que conseguiu me marcar de uma forma que provavelmente me lembrarei até o fim da minha vida.

E quando os segundos se transformam em minutos, horas, dias, semanas, meses e anos? A mulher do fluxo de sangue teve que conviver com uma situação de vergonha perante a sociedade por longos doze anos. Veja a lei a qual ela estava submetida:

> Quando uma mulher tiver um fluxo de sangue por muitos dias fora da sua menstruação normal, ou um fluxo que continue além desse período, ela ficará impura enquanto durar o corrimento, como nos dias da sua menstruação. Qualquer cama em que ela se deitar enquanto continuar o seu fluxo estará impura, como acontece com a sua cama durante a menstruação, e tudo sobre o que ela se sentar estará impuro, como durante a sua menstruação. Quem tocar em alguma dessas coisas ficará impuro; lavará as suas roupas e se banhará com água, e ficará impuro até a tarde (Levítico 15:25-27).

Coloque-se no lugar dela. Imagine ser vista como impura perante toda a sociedade e ter o poder de tornar o que toca impuro. Se saísse de casa, não podia encostar em nada. Não podia ter ninguém a auxiliando a tomar banho quando estava fraca por causa do intenso sangramento, pois a pessoa seria considerada impura.

Que tal adicionarmos agravantes psicológicos? Como será que foi passar por doze anos sem poder tocar outro ser humano, sem poder abraçar alguém que ama, sem poder ser cuidada de perto? A falta do toque provavelmente lhe trouxe sentimentos de inutilidade, dor pela ausência de amparo, angústia...

O que será que as pessoas comentavam sobre ela? Nem pense em acreditar que a sua situação ficou dentro do âmbito familiar. Um confia no outro, que confia no outro, que não é nada confiável. A fofoca não surgiu agora.

As pessoas sabiam de sua situação. Pelos cantos, provavelmente deve ter ouvido falar dela. "Qual pecado ela deve estar escondendo para seu sangramento não parar?" "O sangramento de todas para, só pode ser punição dos Céus!" "Tenho dó da família dela, em nada aquela mulher pode contribuir." "Que fardo ela é! Tudo isso por causa de um pecado..." Talvez tenha ouvido alguma dessas frases ao longo dos doze anos.

Se você tem um temperamento com características explosivas, pode ser que esteja pensando: "Eu não aceitaria, iria lá responder!" Pense bem e perceba que ela poderia acreditar que estava sendo castigada por algo, já que a situação era incomum. Mesmo sabendo que seguia os ensinamentos, depois de um tempo ouvindo o que as pessoas falavam dela, pode ter passado a acreditar que tinha feito algo errado. Havia sido criada de acordo com as leis mosaicas. Então, mesmo não vendo razão, provavelmente sentia-se impura.

Podemos obter alguns ensinamentos com o fator vergonha. Primeiramente quero pensar sobre o aspecto do olhar julgador. Que atire a primeira pedra quem nunca pensou que uma pessoa era assim ou daquele jeito simplesmente por algo que você imaginou dela. Melhor, quem nunca tachou uma pessoa como antipática ou fresca por segundos que a contemplou?

O ensinamento sobre o aspecto do julgamento é que não sabemos o que a pessoa passa dentro de casa, não conseguimos prever se está em um dia ruim, se teve uma discussão com o esposo, se guarda uma dor dentro de si e o seu subconsciente diz que ela precisa se distanciar dos outros, se está fraca porque está doente... São inúmeras as possibilidades!

É aquela ideia do amor, sabe? Precisamos estar mais dispostas a abraçar e ouvir do que apontar o dedo. Precisamos acolher e apoiar pessoas que sabemos que precisam sair de situações degradantes. Precisamos ajudar a encontrar soluções ao invés de só listar os problemas.

Infelizmente, temos visto o contrário disso entre as mulheres. Existem mulheres que são tão frágeis em sua identidade que acreditam que para se levantar em algo, conquistarem algo, precisam do fracasso da outra. Não estamos nesse mundo para competirmos umas com as outras, aaaah isso não pode mais existir.

Vamos ser mulheres que não julgam a vergonha da outra, mas que se apoiam em suas dores e vergonhas. Não conseguiremos sozinhas, precisamos uma das outras, é um trabalho em conjunto. A Bíblia está recheada de histórias de mulheres que se uniram em seus propósitos, Maria com Isabel, Débora com Jael, Joquebede com Miriam e tantas outras que poderia citar aqui. Mulheres que tinham umas as outras para contribuírem no plano divino, que valorizaram umas as outras.

Eu sou grata a Deus porque tenho mulheres ao meu lado que contribuem com o meu propósito, me ajudam, me incentivam, acreditam em mim quando eu mesma não acredito.

Que possamos ter mais compaixão ao invés de acusação. Acredite: você não é melhor ou pior que alguém. Nós só estamos no formato que Deus desenhou para cada uma de nós. Você não é inadequada no lugar que Deus a colocou, você é amada, você é aceita, você é o que Deus diz que você é.

Isso me faz lembrar de uma história bíblica em que Jesus protegeu uma mulher de sua vergonha e a deu dignidade.

> Ao amanhecer, ele apareceu novamente no templo, onde todo o povo se reuniu ao seu redor, e ele se assentou para ensiná-lo. Os mestres da lei e os fariseus trouxeram-lhe uma mulher surpreendida em adultério. Fizeram-na ficar em pé diante de todos e disseram a Jesus: "Mestre, esta mulher foi surpreendida em ato de adultério [...]" (João 8:2-4).

Meu coração se entristece diante da angústia que essa mulher deve ter experimentado. Podemos apenas imaginar o temor que a dominou. Teria ela coberto o rosto, chorado em silêncio ou enfrentado o peso da vergonha? Não temos certeza. No entanto, é provável que ela estivesse consciente de que o dano causado à sua reputação não poderia ser desfeito, pois ela havia violado a lei.

Não sabemos nada sobre o que pode tê-la levado a isso, a Bíblia não diz nada sobre. Porém, o que a levou a cometer o adultério não é o ponto da história, mas sim a resposta de Jesus a ela quando seu adultério vergonhoso foi exposto publicamente.

Jesus, de forma linda, desviou a atenção daquela multidão da mulher humilhada, ajoelhou-se e escreveu na terra com o dedo. Os fariseus, não satisfeitos com a atitude de Jesus, começaram a atacá-lo com perguntas. Jesus, então, levantou-se e pronunciou a frase que tem ecoado na cabeça de todos até hoje: "Se algum de vocês estiver sem pecado, seja o primeiro a atirar pedra nela" (João 8:7). Dito isso, Jesus se ajoelhou novamente e escreveu na terra outra vez. O que Jesus escrevia na terra? Isso eu não sei, o que sabemos é que Jesus cuidadosamente desviou todos os olhares dela para si ao se ajoelhar.

Procuro visualizar a cena daquela mulher sendo arrancada abruptamente de sua situação, talvez sem sequer ter tempo para pegar suas vestes, enfrentando uma multidão pronta para apedrejá-la. No entanto, por breves momentos preciosos, ela percebe que todos os olhares estão fixos em Jesus. Ele já havia intercedido por ela, sem proferir uma única palavra.

E como um alívio para aquela mulher, o que aconteceu em seguida deve ter a deixado ainda mais surpresa: as pessoas começaram a ir embora. Jesus só ficou de pé depois de toda multidão ter se dispersado, e então se voltou para ela e disse: "Mulher, onde estão eles? Ninguém a condenou?". E ela respondeu: "Ninguém, Senhor" (João 8:10-11).

Por outro lado, é possível que você se sinta como essa mulher, como impura. Nós não seguimos mais a ideia de impureza que é prevista na lei mosaica, mas há inúmeros outros modos para que você se sinta impura.

É possível que um abuso ou a tentativa dele, na sua infância ou na adolescência, que talvez só você e o abusador saibam, seja o que o seu subconsciente aponte como a razão da sua impureza.

Uma ação cometida por você, como o ato sexual fora ou antes do casamento, faz com que você se sinta impura. A rejeição que você tem do seu corpo, causada por palavras ouvidas quando ainda era pequena, podem ser o que lhe fazem sentir indigna de amor e cuidado.

São inúmeras as possibilidades que podem permear a sua mente no aspecto da impureza, mas acredite: Jesus está pronto para curá-la! Ele só está esperando que você deixe o obstáculo da vergonha e dê passos de fé para chegar até Ele.

Já parou para refletir sobre a reação de Deus diante de nossas falhas e pecados? Permita-me compartilhar as palavras amorosas de Jesus, que ressoam profundamente em seu coração: "Eu também não te condeno. Agora, vá e deixe para trás a vida de pecado" (João 8:11).

A mulher do fluxo de sangue sabia que era julgada, motivo pelo qual precisou deixar tudo o que escutava e o que pensava sobre si para trás, a fim de poder dar passos de fé. Sim, passos de fé, pois o seu maior ato de fé foi ir até o encontro de Jesus.

Tente imaginar a fraqueza que ela sentia devido à perda de sangue. Imagine o cheiro que a envolvia e as frequentes trocas de roupas que precisava fazer. A carga emocional era avassaladora, e a culpa, talvez, a consumisse. O medo era palpável, pois ela poderia ser apedrejada a qualquer momento. Talvez o sentimento de impotência tenha atravessado sua mente, no entanto, ela decidiu deixar tudo para trás e buscar Aquele que sabia que poderia mudar sua história.

A chama da esperança, alimentada pelo anseio de se libertar da vergonha, é um poderoso estímulo. Podemos apenas imaginar os detalhes: como ela se envolveu em roupas para evitar ser identificada, como se esforçou para abrir caminho através da multidão, desejando estar próxima de Jesus. Ela deve ter experimentado um misto de alívio e temor ao estar em público novamente, após tantos anos reclusa, temendo ser descoberta e contaminar aqueles ao seu redor. No entanto, essa mulher possuía uma fé inabalável, disposta a arriscar tudo para agir com base nessa fé e finalmente ser liberta da vergonha que a consumia.

Da mesma forma que a mulher corajosa que ousou trazer sua vergonha diante de Jesus, também podemos nos arriscar, mesmo em meio ao medo, e confessar nossas necessidades. **Em Jesus, encontramos tudo o que precisamos. No entanto, para que isso aconteça, é preciso reconhecer que precisamos de cura, pois o que não é revelado não pode ser restaurado.** Nossas feridas requerem cuidado e a única maneira de serem curadas é quando as admitimos, descobrimos e as entregamos Àquele que pode nos auxiliar!

Perceba o quanto podemos aprender com ela! Não podemos deixar as dores, o medo, as inseguranças, os sentimentos de incapacidade e inutilidade, a vergonha e o desprezo nos impedirem de chegar até o Mestre. Precisamos enfrentar as nossas fraquezas. **Não podemos deixar Jesus passar sem que aproveitemos a oportunidade de sermos curadas.**

6

Floresça no toque

"Quando ela ouviu falar de Jesus, chegou por trás dele, no meio da multidão, e tocou em seu manto. Porque pensava: "Se eu tão somente tocar em seu manto, ficarei curada".
Marcos 5:27-28

Antes de refletir a respeito do toque daquela mulher na orla de Jesus, é necessário pensar a respeito de como são as vestes de um judeu. Assim, veja o que está escrito em Números 15:37-40:

> O Senhor disse a Moisés: Diga o seguinte aos israelitas: Façam borlas nas extremidades das suas

roupas e ponham um cordão azul em cada uma delas; façam isso para todas as suas gerações. Quando virem essas borlas, vocês se lembrarão de todos os mandamentos do Senhor, para que lhes obedeçam e não se prostituam nem sigam as inclinações do seu coração e dos seus olhos. Assim, vocês se lembrarão de obedecer a todos os meus mandamentos, e para o seu Deus vocês serão um povo consagrado.

Em outras traduções, é possível ler a ordem de fazer franjas nas bordas das vestes no lugar de borlas. E as franjas[38] também podem ser compreendidas como orlas[39] ou bordas do manto. Independentemente do que esteja escrito na versão da sua Bíblia, é possível perceber que a ordem foi dada para que os israelitas sempre se lembrassem dos mandamentos do Senhor, de segui-los em santidade e com reverência a Deus.

A Bíblia foi específica em dizer que aquela mulher tocou o manto de Jesus[40]. E o que ela tocou? Ela tocou na bainha da sua capa, o que é muito significativo. Vou explicar! A lei

---

[38] MICHAELIS. Dicionário brasileiro da língua portuguesa. **Franja.** Disponível em: https://michaelis.uol.com.br/moderno-portugues/busca/portugues-brasileiro/franja/. Acesso em: 16 maio 2023.

[39] MICHAELIS. Dicionário brasileiro da língua portuguesa. **Orla.** Disponível em: https://michaelis.uol.com.br/moderno-portugues/busca/portugues-brasileiro/orla/. Acesso em: 16 maio 2023.

[40] A Bíblia menciona outros momentos em que Jesus foi constrangido a deixar que pessoas tocassem em sua orla, e a fé delas permitiu que fossem curadas. Tais momentos podem ser lidos em Mateus 14:36 e Marcos 6:56.

de Moisés instruiu os israelitas a fazerem franjas nos cantos de suas roupas e a colocarem um cordão azul na beirada, em cada canto. Essa orla era importante e especial, podendo ser tocada apenas pela família do homem que a possuía. Era algo assustador ter outra pessoa que não fosse a esposa, o pai, a mãe, o filho ou filha tocando na orla da capa de um homem (CAINE, 2016)[41].

Mas aquela mulher se arriscou, tocou na orla de Jesus e seu sangramento cessou imediatamente. Pôde sentir dentro do seu corpo que havia sido curada. Você pode imaginar a alegria que tomou conta dela? Porém, para seu choque e terror, Jesus de repente parou, virou-se e disse: "Quem tocou em meu manto?" (Marcos 5:30).

Essa mulher tinha plena consciência de que se fosse revelada, não apenas ela mesma, mas também sua família enfrentaria uma desgraça. Por doze longos anos, ela carregou a vergonha da impureza, e agora corria o risco de ser amaldiçoada com a humilhação.

Mas o seu ato de coragem é impressionante. Acompanhe comigo o que está escrito em Marcos 5:33: "Então a mulher, sabendo o que lhe tinha acontecido, aproximou-se, prostrou-se aos seus pés e, tremendo de medo, contou-lhe toda a verdade".

Foi um sacrifício que valeu a pena, mesmo que isso a colocasse em perigo de ser condenada. Sua gratidão e alívio eram tão intensos por finalmente se libertar da vergonha eterna de sua impureza. E então, algo maravilhoso aconteceu: Jesus a olhou e disse: "Filha, tua fé te salvou; vai-te em

---

[41] CAINE, Christine. **Livre da vergonha.** Chara: 2016.

paz e fica livre do teu mal" (Marcos 5:34)[42]. Entre todas as palavras que Jesus poderia ter escolhido, Ele escolheu como a sua primeira palavra esta: FILHA!

Você se recorda de que apenas os membros da família tinham permissão para tocar na orla das vestes? No entanto, Jesus, ao chamá-la de "filha", quebrou a lei e absolveu qualquer culpa pelo seu ato de fé. Ela buscou alívio e cura para seu sofrimento e, além disso, recebeu uma nova filiação: agora ela era filha. Ela se arriscou, teve coragem para tocar em um local de intimidade, a fim de obter a sua cura.

Jesus viu a mulher como uma filha amada, como sua criação, alguém para ser cuidada e capacitada, alguém por quem Ele estava disposto a morrer, alguém para quem Ele tinha um propósito e um destino. Jesus valorizou as mulheres ao longo do seu ministério em uma época em que os homens judeus não tinham qualquer contato com mulheres em público. As mulheres foram escolhidas por Jesus para serem as primeiras a levarem a mensagem mais poderosa da história da humanidade "Ele ressuscitou"![43]

A mulher do fluxo de sangue com seu toque encontrou em Jesus três tipos de cura:

---

[42] BÍBLIA ONLINE. **Almeida Revista e Atualizada:** Marcos 5. Disponível em: https://www.bibliaonline.com.br/ara/mc/5. Acesso em: 24 maio 2023.

[43] Referência a João 20:18.

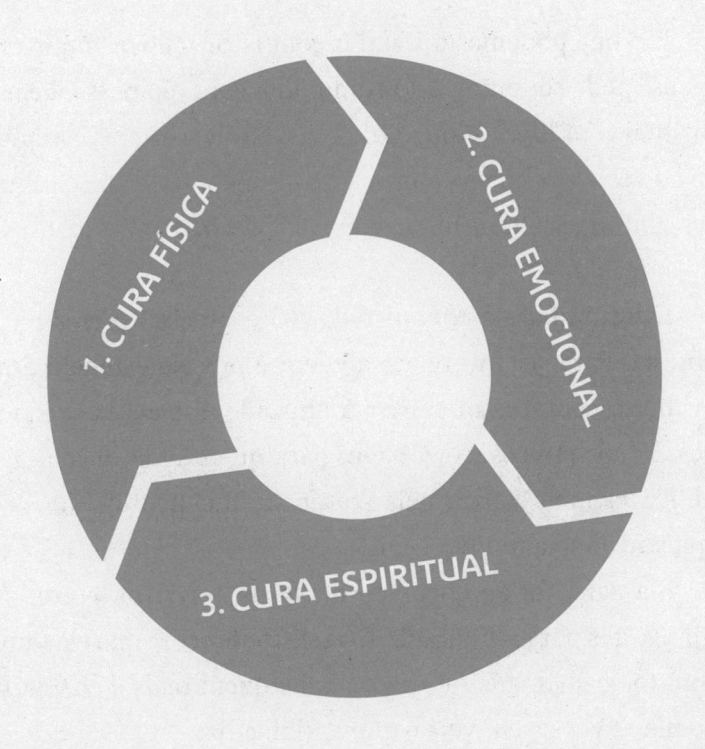

Diagrama circular com três seções: 1. CURA FÍSICA, 2. CURA EMOCIONAL, 3. CURA ESPIRITUAL.

1 - A cura física

Seu sangramento instantaneamente cessou, ela sentiu dentro dela imediatamente.

2 - A cura emocional

Jesus não a desprezou; pelo contrário, ela recebeu direito de filha, ganhou paternidade.

3 - A cura espiritual

Jesus lhe disse: A tua fé te salvou. Aquela mulher ganhou a salvação através do seu toque corajoso.

E o que podemos aprender com isso? Que o "toque em Jesus" pode ser entendido como uma conexão pessoal e espiritual com Ele. Embora não possamos tocar fisicamente as vestes de Jesus como a mulher do fluxo de sangue fez, ainda podemos buscar uma relação íntima e profunda com Ele.

E intimidade é conquistada, você precisa querer para obtê-la. Para ser íntimo de alguém é preciso estabelecer o primeiro contato, alimentar a amizade e ir conhecendo a pessoa aos poucos, certo? Ou, para quem é da mesma família, ter uma convivência contínua. Tais pensamentos se aplicam àquela mulher e a nós.

Ela agiu, foi ao encontro de Jesus, tocou na borda de suas vestes para ser curada. E o seu ato fez com que ela também fosse chamada de "filha". Sabe quem mais é chamada de filha? Você e eu. Veja o que a Bíblia diz:

> Aquele que é a Palavra estava no mundo, e o mundo foi feito por intermédio dele, mas o mundo não o reconheceu. Veio para o que era seu, mas os seus não o receberam. Contudo, aos que o receberam, aos que creram no seu nome, deu-lhes o direito de se tornarem filhos de Deus, os quais não nasceram por descendência natural, nem pela vontade da carne nem pela vontade de algum homem, mas nasceram de Deus (João 1:10-13).

Quem crê em Jesus e o recebe em sua vida tem o direito de ser chamado de filho de Deus. E quem é filho de um

Pai presente não há razão para ser ausente. Assim, eu e você precisamos construir um relacionamento diário com Ele por meio da oração, do jejum e da leitura da Palavra para podermos tocar Nele a cada dia, para sermos íntimos Dele.

A oração é uma forma poderosa de comunicação com Deus. Podemos falar com Jesus, expressar nossos desejos, preocupações e buscar orientação através da oração. É um momento de conexão e entrega, no qual podemos experimentar Sua presença em nossas vidas.

O jejum pode desempenhar um papel significativo na vida espiritual, fornecendo disciplina, foco, expressão de devoção e sensibilidade às necessidades dos outros.

E através da leitura e do estudo da Bíblia podemos conhecer os ensinamentos de Jesus e assimilar Sua sabedoria em nossas vidas. É uma forma de compreender Sua vontade e seguir Seus ensinamentos, estabelecendo uma relação mais próxima com Ele.

Você pode estar dizendo neste momento: "Eu não consigo ter disciplina para construir minha vida devocional, orando, jejuando e lendo a Bíblia, tenho muitos afazeres e minha vida é muito corrida". E eu posso afirmar que você consegue, porém, para isso, você terá que construir uma vida disciplinada, e conseguirá através de um bom planejamento e de uma boa organização, pois são fundamentais para isso e para diversos aspectos da vida, sejam eles espiritual, pessoal ou profissional.

O planejamento permite definir metas claras e estabelecer um caminho para alcançá-las. Ao criar um plano estruturado, você tem uma visão clara do que precisa ser feito e pode traçar os passos necessários para atingir seus objetivos. A organização ajuda a executar esse plano de forma eficiente, garantindo que todas as tarefas sejam realizadas adequadamente.

Quando você planeja e organiza suas tarefas, pode otimizar o uso do tempo, dos recursos e das habilidades disponíveis. Isso resulta em um trabalho mais eficiente e produtivo. Ao estabelecer prioridades, criar cronogramas e definir prazos, você consegue gerenciar melhor suas atividades.

O planejamento eficaz inclui a consideração de possíveis obstáculos ou mudanças de curso. Ao antecipar cenários diferentes, você estará melhor preparada para lidar com imprevistos e ajustar seus planos conforme o necessário. A organização facilita a adaptação a mudanças, tornando mais fácil reorganizar prioridades ou realocar recursos.

Eu sempre amei planejamento e organização, e esse ano Deus me deu o presente de poder escrever e produzir o *Planner Vida*, através da editora Ágape, e eu quero indicá-lo a você que quer aprender ter uma vida organizada. O *Planner Vida* irá ajudá-la a construir uma rotina e você descobrirá que sua vida não está tão bagunçada quanto pensa.

Nele, você encontrará devocionais, espaço para anotar suas orações, pedidos e agradecimentos, e a possibilidade de fazer o check-list da leitura bíblica do seu ano. Acredito que irá fazer uma diferença para você que deseja aprender a ter uma vida planejada e organizada, resultando assim em uma vida também de devoção a Deus.

Entenda algo, o verdadeiro toque em Jesus também envolve viver os valores e princípios que Ele ensinou. E, com certeza isso está relacionado a termos uma vida organizada, pois Deus foi o nosso maior exemplo de organização na criação do mundo. E não se esqueça, amar ao próximo, perdoar e agir de acordo com os princípios do amor e da justiça também são formas de manifestar nossa conexão com Ele.

O "toque em Jesus", nos dias de hoje, envolve uma busca de conexão espiritual e relacionamento pessoal com Ele. É uma jornada individual e pessoal que nos leva a experimentar Sua presença e transformação em nossas vidas.

Toque em Jesus e experimente ser mudada por completo em todas as áreas da sua vida.

7

Floresça em sua integridade

"No mesmo instante, Jesus percebeu que dele havia saído poder, virou-se para a multidão e perguntou: 'Quem tocou em meu manto?' Responderam os seus discípulos: 'Vês a multidão aglomerada e ainda perguntas 'Quem tocou em mim?' Mas Jesus continuou olhando ao seu redor para ver quem tinha feito aquilo. Então a mulher, sabendo o que lhe tinha acontecido, aproximou-se, prostrou-se aos seus pés e, tremendo de medo, contou-lhe toda a verdade".
Marcos 5:30-32.

Por que será que Jesus ficou olhando ao redor para saber quem havia lhe tocado? Por que Cristo ficou procurando por quem havia recebido o milagre ao tocá-lo? Quando se fez carne entre os homens, não perdeu a sua natureza divina. Assim, será mesmo que não sabia quem havia tocado Nele?

A Palavra de Deus é intencional, motivo pelo qual acredito que este fato também pode nos ensinar sobre um profundo princípio espiritual, isto é, o desejo de Deus pela nossa revelação e integridade. Deixe-me pensar em uma situação semelhante para poder conjecturar sobre a motivação de Jesus.

Sou mãe e posso afirmar que, mesmo sabendo de uma informação, às vezes pergunto aos meus filhos a respeito de quem deixou um brinquedo ou objeto em certo lugar, a fim de fazê-los compreender a importância da responsabilidade, bem como das consequências de suas ações.

Acredito que as mamães já devem ter agido de forma semelhante com os seus pequenos. A conversa, inclusive, faz parte da construção da confiança e do relacionamento de amizade com as crianças. Nesse contexto, penso que o intuito de Jesus era permitir que aquela mulher assumisse a autoria de seus atos e, consequentemente, as responsabilidades que originaram a partir deles.

Tal como os meus filhos precisam escolher se vão me dizer quem deixou um objeto espalhado na sala, e provavelmente ver o agente sendo chamado a guardá-lo, ou optar pelo silêncio, aquela mulher teve que tomar a decisão de contar ou não que havia tocado o Mestre.

Se Ele procurava por alguém, pode ser que tenha passado por sua mente a ideia: "Eu já fui curada, não sinto mais o sangramento, ninguém precisa saber que estive aqui" ou "Vou deixar Ele continuar procurando, pois é melhor do que me expor e a multidão me condenar".

Aqui reside uma revelação profunda sobre o coração do Mestre. Mesmo sendo onisciente e conhecedor de todas as coisas, Jesus desejava que a mulher revelasse sua fé e testemunhasse a cura que havia recebido. Não era apenas a cura física que importava, mas a comunhão com Ele, o relacionamento pessoal e a confiança inabalável na Sua divindade. Deus não apenas se preocupa com a nossa necessidade, mas também deseja que expressemos nossa fé e nos conectemos com Ele em um nível mais profundo.

Ao perguntar "Quem tocou em meu manto?", Jesus nos lembra da importância da nossa integridade diante de Deus. Ele busca uma fé ativa, não uma fé passiva ou superficial. Ele nos convida a reconhecer e testemunhar Sua presença e poder em nossa vidas, mesmo que isso signifique sair da multidão e enfrentar as nossas fragilidades e medos.

Assim como a mulher do fluxo de sangue, somos chamadas a tocar Jesus com fé, coragem e determinação. Deus nos convida a nos aproximarmos Dele com todo o nosso ser, revelando nossa necessidade, confiando em Sua misericórdia e buscando uma transformação completa. Ele nos encoraja a sermos íntegras em nossa busca espiritual, abrindo nossos corações para Ele e permitindo que Sua graça flua em nós.

Antes de dizer a verdade ao Mestre, teve que reconhecer quem era, ser íntegra consigo. E aqui nos é apresentado questionamentos interessantes: Será que temos sido verdadeiras primeiramente conosco? Temos reconhecido as nossas falhas e arcado com as consequências geradas por elas? Será que não temos tentado culpar os outros por nossos erros ou tentado omiti-los?

Precisamos pensar em como está o nosso interior. Somos responsáveis pelo que se passa em nossa mente, afinal, somos nós que deixamos um pensamento se instalar ou não em nosso imaginário. O íntimo, o subconsciente, guarda só o que nós e Deus sabemos. Forte, não é mesmo? Mas é necessária a reflexão.

A primeira exposição deve ser fornecida por você e para você. É aquela conversa consigo, em frente ao espelho, olhando em seus olhos. Nem pense que é algo fácil. Se fosse, Jesus não teria nos advertido sobre a nossa facilidade de ver um cisco nos olhos do nosso irmão, enquanto temos dificuldade de ver uma trave em nossos olhos[44].

Para dizer ao Mestre que era a autora do toque, a mulher precisou se lembrar que havia realizado algo contrário à lei judaica, que era considerada imunda perante a sociedade, e que poderia ser ali apedrejada.

Ao assumir o seu ato, também demonstrou gratidão. Ela poderia ter recebido o milagre e simplesmente decidido seguir a sua vida. Estava curada, não mais sangrava, logo não seria mais considerada impura. Quer oportunidade melhor para deixar o Mestre?

Quando tudo está bem, é fácil deixar aquele que faz milagres de lado. "O milagre já foi feito, nada mais é necessário." Talvez este pensamento não tenha saído de sua boca, mas será que ele já não permeou o seu subconsciente? Será que não temos agido de tal forma e "abandonado" Jesus quando Ele realiza o milagre?

Vale pensar se oramos, jejuamos e lemos a Bíblia na mesma intensidade quando recebemos uma benção, pois é

---

[44] Referência a Mateus 7:3.

possível que passemos a buscar, em primeiro lugar, outras coisas que não sejam o Reino de Deus[45].

Se aquela mulher fosse brasileira, será que ela teria tentado dar um jeitinho? Poderia ter pensado: "Só hoje não vai ter problema, Ele não vai se ofender com a minha omissão".

"Sonegar um imposto não tem problema, o governo ganha dinheiro demais. Se eu deixar de declarar vai ser melhor, terá menos dinheiro para ser levado pela corrupção". "Não preciso confessar o meu pecado, não preciso mudar, a pastora não tem nada a ver com a minha vida." São algumas das alternativas que se assemelham ao que aquela mulher poderia pensar, mas adaptadas ao nosso contexto atual.

Não é possível ter uma vida integral com Jesus se você só se entrega parcialmente. Não dá para ter uma vida integral com Jesus se você sempre quer dar um jeitinho. E a mulher do fluxo de sangue sabia disso, motivo pelo qual se entregou integralmente, reconheceu quem era, sendo honesta consigo e com o Mestre.

Se aquela mulher tivesse ficado calada, penso que Jesus não teria apontado o dedo para ela e a acusado de tocá-lo. Afinal, Ele permitiu que ela escolhesse ou não se revelar. Essa atitude de Jesus revela sua compreensão sublime do coração humano. Ele entendeu que a cura física da mulher não era o único objetivo.

Sua cura completa envolvia muito mais do que simplesmente recuperar a saúde física; Jesus desejava dar a ela algo maior e mais profundo – uma paternidade, um relacionamento íntimo e pessoal com o Criador do universo. Ele

---

[45] Referência Mateus 6:33.

sabia que para isso acontecer, a mulher precisava se expor diante Dele, em um ato de fé e coragem.

E como eu já disse, em nossas próprias vidas, enfrentamos momentos semelhantes. Muitas vezes buscamos uma cura ou restauração em diversas áreas, mas relutamos em nos expor completamente diante de Jesus. Escondemos nossas fraquezas, nossas dores mais profundas e até mesmo nossos pecados, com medo de sermos julgadas ou rejeitadas. No entanto, é nesse momento de exposição, vulnerabilidade e entrega total que encontramos a verdadeira cura e transformação que Ele deseja nos proporcionar.

Ao refletirmos sobre o que estamos escondendo, percebemos que ao tentar proteger nossa imagem ou mascarar nossas imperfeições, estamos, na verdade, nos privando da plenitude do amor e do perdão de Jesus. Sua misericórdia é infinita, e Ele nos oferece o livre-arbítrio para escolhermos entregar tudo a Ele, sem restrições. Somente quando nos rendemos completamente, deixando de reter partes de nós, encontramos libertação e perdão, experimentando um relacionamento profundo e transformador com o Pai celestial.

Ao nos revelarmos plenamente, seremos acolhidas pelo Seu amor incondicional e encontraremos a verdadeira cura, aquela que vai além do físico e alcança as profundezas de nossa alma. Que possamos entregar tudo e não reter nada, pois é nesse ato de entrega total que encontraremos a plenitude da vida que Ele deseja nos conceder.

No evangelho de Lucas 17:11-19, conta-se a história de dez leprosos:

A caminho de Jerusalém, Jesus passou pela divisa entre Samaria e Galileia. Ao entrar num povoado, dez leprosos dirigiram-se a ele. Ficaram a certa distância e gritaram em alta voz: "Jesus, Mestre, tem piedade de nós!". Ao vê-los, ele disse: "Vão mostrar-se aos sacerdotes". Enquanto eles iam, foram purificados. Um deles, quando viu que estava curado, voltou, louvando a Deus em alta voz. Prostrou-se aos pés de Jesus e lhe agradeceu. Este era samaritano. Jesus perguntou: "Não foram purificados todos os dez? Onde estão os outros nove? Não se achou nenhum que voltasse e desse louvor a Deus, a não ser este estrangeiro? "Então ele lhe disse: 'Levante-se e vá; a sua fé o salvou'".

No relato, é mencionado que os leprosos reconheceram Jesus de longe e não se aproximaram dele, pois a lei os obrigava a manter distância das pessoas. No entanto, eles se aproximaram o suficiente para gritar um apelo de socorro, não solicitando especificamente uma cura, mas implorando por misericórdia. Jesus não pronunciou uma palavra de cura instantânea em favor dos dez leprosos, mas simplesmente instruiu-os a irem encontrar os sacerdotes daquela região. Ele os colocou à prova, exigindo-lhes fé, e durante o percurso, de forma miraculosa, foram curados. Quando perceberam que estavam curados, os nove que receberam a cura prosseguiram em direção aos sacerdotes, a fim de mostrar-lhes a cura e, assim, serem reintegrados à sociedade.

No entanto, o samaritano não estava interessado em mostrar sua cura ao sacerdote imediatamente ou em ser reintegrado à sociedade. Sua preocupação principal era encontrar Jesus novamente, pois havia percebido que aquele que o havia curado era o Messias. Ele reconheceu que somente alguém como o Messias poderia realizar uma cura tão poderosa da lepra. Ao retornar e expressar sua gratidão, Jesus proferiu palavras que nenhum sacerdote teria autoridade para dizer. As suas palavras transmitiam a seguinte mensagem: "Parabéns pela sua gratidão e por ter retornado, pois os outros nove não voltaram porque acreditaram que eu sou apenas mais um curandeiro nesta região. Mas você compreendeu algo além disso, reconheceu que eu sou mais do que alguém que pode simplesmente realizar curas; você compreendeu que eu sou o Messias. Por causa dessa compreensão, você não será curado apenas em sua pele, mas sua fé em voltar a mim te salvou de uma maneira muito mais profunda".

Quantas oportunidades talvez tenham escapado de suas mãos porque você acreditava que tudo o que Jesus tinha para lhe oferecer era a cura física ou a realização de algum pedido material. Por causa disso, você recebeu essas coisas, mas não voltou para buscar o relacionamento profundo e íntegro que Deus deseja ter com você. Jesus anseia por lhe conceder muito mais do que apenas o "milagre" de algo que você deseja.

Durante uma conferência inspiradora chamada "The Grove", que tive a oportunidade de participar na cidade de Atlanta, nos Estados Unidos, na Passion City Church, ouvi uma preletora compartilhar a seguinte frase impactante:

"A verdadeira bondade está em caminhar ao lado de quem realiza o milagre". Em outras palavras, a bondade de Deus não está condicionada ao milagre que Ele pode conceder a você; a verdadeira bondade consiste em estar próximo daquele que realiza os milagres.

Se a mulher da nossa história tivesse se omitido, provavelmente se limitaria a receber apenas a cura física, a cura de sua doença. Porém, quando optou por assumir a responsabilidade de seus atos, permitiu-se estabelecer um relacionamento com Jesus, o que lhe deu a possibilidade de ser chamada de "Filha". E é sobre as implicações deste tratamento realizado por Cristo que falarei no próximo capítulo.

8

Floresça em sua identidade

"Então, ele lhe disse: Filha, a sua fé a curou! [...]"
Marcos 5:34, parte "a".

"FILHA, A SUA FÉ A CUROU." O QUE ESSAS PALAVRAS PODEM NOS ENSINAR? Primeiramente, imagine como é receber em palavras e ações o que há muito tempo não se recebia. Há quanto tempo será que aquela mulher não era chamada carinhosamente de "filha" por alguém? Admita, faz carinho no coração quando ouvimos palavras como "minha linda", "minha princesa", "minha querida" ou "lindona" e não estamos esperando. Melhor ainda é ser chamada de "filha" quando não se tem o cuidado de um pai há tanto tempo.

Na situação que ela vivia há doze anos, inicialmente pode ser que tenha recebido o apoio daqueles que conviviam com ela, mas acredito que, ao longo do tempo, pouquíssimas pessoas tenham continuado presentes em sua vida.

Então, como será que ela se sentiu? Será que o termo "filha" causou estranheza aos seus ouvidos? Não é porque você é chamada de filha que se sentirá como uma. Para ser filha, ela precisou tomar posse da sua posição.

A cura física já havia sido efetivada, pois ao tocá-Lo sentiu imediatamente que a sua hemorragia havia sido curada. Porém, o Mestre também queria curá-la em outras esferas. Se ela teve que viver distante de todos que anteriormente faziam parte do seu dia a dia, e conviver com dores e escapes de sangue, pode-se deduzir que o seu emocional também estava abalado.

Ao chamá-la de "filha", o Mestre mostrou que ela tinha um pai, e que não era qualquer pai. Alguém que estaria com ela em todos os momentos, que não a abandonaria em tempos desafiadores; alguém que transmitia o sentimento de pertencimento e segurança espiritual. Jesus estava restaurando não apenas a saúde física da mulher, mas também sua identidade e dignidade como filha de Deus.

Outro fato interessante é que, chamando-a de filha, Jesus legitimou o ato dela de tocar na orla de suas vestes. Lembra-se de que a orla representava intimidade, e que somente os familiares mais próximos podiam nela tocar? Filha pode tocar na orla.

Filha pode pedir carinho, amparo, apoio, conviver, conhecer os segredos, abraçar, ter características semelhantes às percebidas no Pai... Filha pode chorar para Ele, sem precisar explicar muitas coisas, e ser entendida; porque um Pai presente conhece as suas preferências e dores.

No mundo em que vivemos, muitas mulheres enfrentam a ausência de uma figura paterna terrena, experimentando a dor da rejeição, abandono ou negligência. No entanto, Deus se revela como o nosso Pai perfeito, aquele que nunca nos deixa, que nos ama com um amor infinito e que está sempre presente em nossas vidas. Na paternidade de Deus, temos a oportunidade de conviver com Ele diariamente, conhecer os segredos do Seu coração e sermos transformadas à Sua imagem. Ele nos abraça com amor incondicional e nos capacita a refletir Suas características em nossa vida, descobrindo um amor sem limites, que não depende de nossos méritos ou conquistas. Somos acolhidas em Seus braços protetores, nos quais encontramos segurança e refúgio em meio às tempestades da vida.

Assim como aquela mulher pôde chamar Jesus de Pai, podemos chamar Deus de Pai. Afinal, foi o próprio Cristo que nos permitiu isto ao dizer: "Mas quando você orar, vá para o seu quarto, feche a porta e ore a seu Pai, que está em secreto. Então seu Pai, que vê em secreto, o recompensará" (Mateus 6:6); e "Vocês, orem assim: Pai nosso, que estás nos céus [...]" (Mateus 6:9).

Filha também recebe herança. Inclusive, é o que o Apóstolo Paulo disse em Romanos 8:16-17:

> O próprio Espírito testemunha ao nosso espírito que somos filhos de Deus. Se somos filhos, então somos herdeiros; herdeiros de Deus e coerdeiros com Cristo, se de fato participamos dos seus

sofrimentos, para que também participemos da sua glória.

E sabe como é a herança recebida quando reconhecemos Jesus como o nosso Salvador? Uma herança que "[...] jamais poderá perecer, macular-se ou perder o seu valor", uma herança que está guardada nos céus para nós (1 Pedro 1:4).

Também faz parte da herança uma vida eterna sem morte, tristeza, choro, dor e lágrima; um novo nome; o direito de sentar-se com Cristo em seu trono; e a honra de reinar com Ele[46]. Ser filha é muito bom! Aproveite!

Quando descobri minha paternidade em Deus, uma profunda transformação ocorreu em meu coração e em minha vida. Foi um momento de revelação que transcendeu todas as minhas expectativas e me mostrou um amor e uma conexão que eu nunca havia experimentado antes.

Antes desse encontro transformador, eu vivia em busca de uma identidade, procurando preencher um vazio que parecia insaciável. Buscava validação e significado em relacionamentos, conquistas e na aprovação dos outros. No entanto, nada disso me trazia a verdadeira paz e satisfação que eu almejava.

Foi quando me aproximei de Deus, buscando Sua presença em oração e estudo da Palavra, que comecei a perceber algo extraordinário. Descobri que Ele não era apenas um ser supremo distante, mas um Pai amoroso e pessoal que me conhecia profundamente.

Percebi que Ele me formou com um propósito específico e me amava incondicionalmente. Essa revelação me en-

---

[46] Referência a João 3:16, Apocalipse 21:4, Apocalipse 3:12, Apocalipse 3:21 e Apocalipse 20:4.

cheu de uma nova esperança e confiança, pois finalmente encontrei minha verdadeira identidade como filha amada de Deus.

Quando abracei minha paternidade em Deus, descobri uma fonte infinita de amor, aceitação e perdão. Percebi que não precisava mais buscar a validação e a aprovação dos outros, pois tinha sido adotada na família de Deus. Essa verdade me trouxe uma profunda paz e liberdade.

Reconhecer-se como filha envolve saber quem você é, e isso tem a ver com identidade. De acordo com o dicionário Michaelis, a identidade está relacionada a uma série de características próprias de uma pessoa pelas quais é possível distingui-la[47] (MICHAELIS, 2023).

O significado citado me faz pensar em algumas aplicações e questionamentos. Será que estamos valorizando aquilo que nos faz únicas, aquilo que nos distingue das demais pessoas? Sei que é fácil olhar para uma mulher que você admira e dizer o quanto ela é maravilhosa por isso ou por aquilo, mas há quanto tempo você não fica em frente ao espelho, olha no fundo dos seus olhos, e diz dez coisas que lhe tornam uma mulher única, especial e importante? Talvez fosse mais fácil falar de cinco defeitos, certo?

E é aqui que está mais um detalhe maravilhoso do texto bíblico: **Você é filha, criação feita à imagem e semelhança de Deus, gerada na mente do Criador antes de ser concebida, amada ao ponto de ter o filho de Deus entregue**

---

[47] MICHAELIS. Dicionário brasileiro da língua portuguesa. **Identidade**. Disponível em: https://michaelis.uol.com.br/moderno-portugues/busca/portugues-brasileiro/identidade/. Acesso em: 09 maio 2023.

para morrer em seu lugar e perdoar os seus pecados[48]; por que continua constantemente pensando em defeitos para se diminuir?

Filha, você foi feita pelo Criador, o dono do universo, aquele que sabe de tudo, está em todos os lugares e tem todo o poder[49], por que continua valorizando as outras criações e se menosprezando?

Independentemente da dor a qual você foi submetida, seja qual for o seu passado, seja qual for o que você já tenha feito em sua vida, saiba que Jesus se fez como sacrifício para que os seus pecados fossem perdoados, para que você pudesse ser chamada de filha e tivesse direito à vida eterna.

> Pois ele nos resgatou do domínio das trevas e nos transportou para o Reino do seu Filho amado, em quem temos a redenção, a saber, o perdão dos pecados. (Colossenses 1:13-14).

> [...] Mas o fato é que ele levou nossas doenças, nossas deformidades, tudo que há de errado entre nós. Pensamos que ele era culpado de tudo isso, que Deus o estava castigando por sua culpa. Mas foram nossos pecados que caíram sobre ele, que o feriram, dilaceraram e esmagaram - nossos pecados! Ele recebeu o castigo, e isso nos restaurou. Por meio das feridas dele, somos curados. Somos como ovelhas que se desviaram

---

[48] Referência a João 3:16, Jeremias 1:5, Salmos 139:13, Gênesis 1:27.

[49] Referência a Salmos 147:5, Isaías 43:13, Salmos 115:3, Provérbios 15:3, Colossenses 1:17 e Salmos 139:3.

e se perderam. Cada um de nós fez o que quis, cada um escolheu um caminho próprio. E sobre ele o Eterno descarregou todos os nossos pecados, tudo que fizemos de errado. Ele foi afligido e torturado, mas não disse uma única palavra. Como a ovelha que é levada ao matadouro ou o cordeiro para ser tosquiado, ele aceitou tudo em silêncio [...] (Isaías 53:2-9, Bíblia de Estudo A Mensagem)[50].

Que você possa ter a certeza de que com todo cuidado, todo amor, Ele a imaginou e projetou. Que tenha a certeza de que a sua vida é presente Dele. Para isso, recomendo que pare por alguns minutos a leitura deste capítulo e escute com atenção a canção *Beleza Interior*, disponível nas redes sociais da ADAI Music[51].

Tal como aquela mulher recebeu cura física, cura emocional e cura espiritual, você também pode se reconhecer como criação e receber essas curas de Deus.

Outra aplicação para a palavra identidade diz respeito ao motivo pelo qual cada uma de nós foi criada. Se em Gênesis 1 é possível perceber o motivo pelo qual a luz, a noite, os astros, a natureza, as águas, a terra, a fauna, a flora e o homem foram criados, podemos entender que o Criador tem um objetivo para tudo o que se origina Dele. E não seria

---

[50] PETERSON, Eugene H. **Bíblia de estudo a mensagem**: Bíblia em Linguagem Contemporânea. São Paulo: Editora Vida, 2014.

[51] RODRIGUES, Gislaine. ADAI MUSIC. **Beleza interior.** Disponível em: https://www.youtube.com/watch?v=6KjZeNWnXHc. Acesso em: 22 maio 2023.

diferente comigo, com você ou com a mulher que sofreu por doze anos com um fluxo de sangue.

Um dos motivos gerais para a criação está presente em Salmos 150:6, quando diz: "Tudo o que tem vida louve o Senhor!" Por passar ar pelos nossos pulmões, por podermos abrir os olhos, viver entre outras pessoas, abraçar, confraternizar e tantas outras coisas devemos ser gratas e louvar a Deus.

Neste salmo inspirador, encontramos uma chamada para que tudo o que possui vida exalte e glorifique o Senhor. Essas palavras ressoam em nossos corações como um convite para abraçar a vida plena que nos foi concedida, e não simplesmente sobreviver neste mundo. A vida é um presente precioso, uma dádiva divina que nos foi confiada. No entanto, muitas vezes nos encontramos presas em uma rotina monótona, apenas seguindo o fluxo, sem realmente aproveitar as maravilhas e a abundância que nos cercam. Esquecemos de olhar para além das obrigações diárias e nos perdemos na beleza e nas oportunidades que a vida nos oferece.

Deus nos criou para viver uma vida plena e abundante. Ele nos deu dons, talentos e paixões únicas para explorar e compartilhar com o mundo. Devemos buscar a realização dessas dádivas, encontrar propósito em nossas ações. **A vida plena não se trata apenas de realizar grandes feitos ou alcançar sucesso material; é um chamado para vivermos com gratidão e apreciar cada momento.** É sobre encontrar felicidade nas pequenas coisas, nas interações diárias, nos sorrisos e nas conexões humanas. É sobre nutrir relacionamentos significativos, amar incondicionalmente, criar memórias e compartilhar bondade.

Para abraçar a vida plena, você deve estar disposta a sair da nossa zona de conforto e enfrentar desafios. A vida não é isenta de obstáculos e adversidades, mas são nesses momentos que podemos crescer, aprender lições valiosas e fortalecer nossa fé. Cada uma de nós pode verdadeiramente viver com propósito, gratidão e alegria. Cada uma de nós foi criada para realizar outros objetivos ao longo da vida, e devemos pedir o direcionamento do Pai para que Ele nos mostre em qual área deseja que sejamos instrumento dele.

Acredito que, quando recebemos a nossa identidade em Deus, junto recebemos o sentimento de pertencimento e de propósito, pelo menos foi assim comigo. Um dia em minha vida entendi que deveria responder ao tamanho amor que Ele me proporcionou, em forma de serviço, colocando minha vida à sua disposição.

Essa revelação me impulsionou a abraçar o que Ele tinha para mim, reconhecendo que fui criada para um propósito maior que eu mesma. Foi nesse momento que a liderança do Movimento Flores chegou até a minha vida, e que presente foi esse para mim.

Assumir a liderança das mulheres em nossa igreja foi e é uma responsabilidade significativa. Foi um convite para orientar, capacitar e inspirar outras mulheres em sua jornada de fé. Com isso, tive a oportunidade de encorajar e equipar muitas vidas a abraçarem sua própria identidade em Deus e a se tornarem tudo o que Ele as criou para ser.

Pastorear mulheres, para mim, é abraçar a diversidade, reconhecer que cada uma tem uma história única e experiências diferentes. É ouvir, acolher e apoiar umas às outras, encorajando-as a crescer em sua fé e a descobrir seu potencial em Cristo. É fornecer um ambiente seguro, no qual as mulheres possam se expressar livremente, compartilhar suas lutas e encontrar encorajamento mútuo.

À medida que cuido de mulheres, também sou desafiada a crescer e a amadurecer em minha própria fé. É um chamado a desenvolver habilidades de liderança, a investir em meu próprio crescimento espiritual e a me tornar uma mulher que reflete o caráter de Cristo.

Encontrar sua identidade, seu propósito, é uma oportunidade de servir, de ser instrumento de Deus para o avanço do Seu Reino. É um convite para ser agente de mudança, para influenciar e impactar vidas de maneira positiva. Por intermédio de nosso exemplo, com encorajamento e ensinamento, podemos ajudar mulheres a descobrirem quem são em Deus e a se tornarem fortes, confiantes e cheias de propósito.

Ao fazer essa escolha, sempre teremos o apoio e a direção de Deus, que nos capacita e nos guia a cada passo do caminho. Ele nos fortalece com Sua graça e nos dá sabedoria para enfrentar os desafios que possam surgir. Com Ele ao nosso lado, podemos servir com amor, compaixão e integridade, sendo instrumentos de transformação em nossas vidas e na vida daquelas que nos rodeiam.

Seja qual for o motivo pelo qual você foi formada, dê o seu melhor! Se você foi chamada para ensinar, ensine. Se foi chamada para abraçar, dê o abraço que transforma o dia de quem recebe. Se for limpar a igreja, adore ao Senhor ao realizar a tarefa. Se for coordenar mulheres e inspirá-las a buscar mais e mais de Deus, faça isso!

Que você possa declarar, assim como a música *Beleza Interior:*

Vou florescer pra tua glória;
Exalar teu perfume por onde passar;
Refletir tua bondade;
E deixar, a beleza que me deste brilhar.
Transmitir Teu amor com minha vida;
E serei o que construiu;
O que desde o princípio projetou para mim.
[...] [52]

Saiba que Deus não te fez filha à toa. Há razão para ter sido feita com a sua exata identidade.

---

[52] RODRIGUES, Gislaine. ADAI MUSIC. **Beleza interior.** Disponível em: https://www.youtube.com/watch?v=6KjZeNWnXHc. Acesso em: 22 maio 2023.

9

Floresça no sofrimento

"[...] Vá em paz e fique livre do seu sofrimento."
Marcos 5:34, parte "b".

"E AGORA, O QUE EU FAÇO?"

Confesso que fico me perguntando se aquela mulher sabia quais passos dar após receber a cura, e se ficou se questionando sobre o que fazer a seguir. A sua vida havia girado por doze anos em torno de todas as possíveis soluções para resolver uma doença que provavelmente ela nem sabia o nome. Ela havia procurado ajuda com todos os médicos de sua região, gastado todos os seus recursos, vivido praticamente sozinha por vários anos...

É possível que tenha se sentido perdida após o momento de alegria, depois do recebimento da cura e de ter sido chamada de "filha". Afinal, Jesus teve um breve diálogo com ela, o seu destino era a casa de Jairo.

Quem já teve a oportunidade de passar por períodos em isolamento sabe que inúmeros pensamentos passam em sua mente, e que você começa a se preocupar com situações que nem aconteceram ainda, e que poderão nem acontecer. Após a euforia, é possível que aqueles pensamentos tenham voltado para a mente daquela mulher. E isso não significa que ela não havia sido curada, somente indica que ela era humana, sujeita a falhas, questionamentos e inseguranças.

Jesus havia dito "Vá em paz e fique livre do seu sofrimento", mas como deixar a dor sentida no físico e no emocional por longos doze anos? Não foram doze horas, doze dias ou doze meses, mas sim doze anos castigantes.

Ele estava transmitindo uma mensagem de restauração interior e libertação. Ele queria que ela experimentasse uma paz profunda e duradoura, uma paz que só pode ser encontrada em Sua presença e no Seu amor incondicional. Essa paz vai além das circunstâncias externas e transcende qualquer sofrimento que ela possa ter enfrentado.

Jesus estava convidando a mulher a deixar para trás o peso do passado, as preocupações e os fardos que carregava. Ele a incentivou a confiar Nele plenamente, a entregar suas preocupações e ansiedades a Ele, sabendo que Ele é o Príncipe da Paz, capaz de trazer calma e serenidade ao seu coração atribulado.

Além disso, quando Jesus disse "fique livre do seu sofrimento", Ele estava oferecendo cura e libertação completa.

Cristo não queria que ela continuasse presa ao ciclo de dor, enfermidade e aflição. Ele veio trazer libertação tanto física quanto emocional, para conduzi-la a uma vida abundante e plena em Seu amor.

Ao pronunciar essas palavras, Jesus estava a convidando a confiar em Seu poder e autoridade sobre todas as áreas de sua vida. Ele queria que ela se rendesse a Ele, permitindo que Sua graça e poder transformassem seu sofrimento em testemunho de Sua bondade e redenção. Ele desejava libertá-la das correntes do sofrimento, para que pudesse viver em liberdade, desfrutando da alegria e da paz que só podem ser encontradas em Sua presença.

As palavras de Jesus também revelam Seu coração compassivo e amoroso. Ele não apenas curou a mulher do fluxo de sangue fisicamente, mas também a libertou de todas as consequências emocionais, sociais e espirituais que ela havia enfrentado durante anos. Cristo mostrou Seu desejo de vê-la completamente restaurada e livre, para que assim pudesse viver uma vida abundante em Sua graça.

Se Jesus disse para ela ficar livre do sofrimento, ela precisava ouvir aquilo. E acredito que você também está lendo esta parte do livro porque precisa viver livre do seu sofrimento.

Por que isso é necessário? Basicamente porque sem ser liberta do seu sofrimento, você não viverá uma vida plena com Deus, sempre deixará que o passado interfira no seu presente.

Ele está convidando você a abandonar o peso do passado, a confiar Nele e a buscar a paz verdadeira que só Ele pode oferecer. Entregue seus sofrimentos a Ele, confie que

Ele tem o poder de curá-la, restaurá-la e libertá-la completamente.

Quando penso sobre deixar fardos, lembro-me dos israelitas com saudade do que comiam no Egito enquanto estavam no deserto e recebiam o Maná de Deus. Para relembrá-la, veja o que está escrito em Números 11:4-6:

> Um bando de estrangeiros que havia no meio deles encheu-se de gula, e até os próprios israelitas tornaram a queixar-se, e diziam: "Ah, se tivéssemos carne para comer! Nós nos lembramos dos peixes que comíamos de graça no Egito, e também dos pepinos, das melancias, dos alhos-porós, das cebolas e dos alhos. Mas agora perdemos o apetite; nunca vemos nada, a não ser este maná!"

O texto relata um episódio durante a peregrinação dos israelitas pelo deserto após sua libertação do Egito. Apesar de terem sido resgatados da escravidão e testemunhado milagres poderosos de Deus, como a abertura do Mar Vermelho, eles começaram a reclamar de sua situação no deserto. Eles se lembraram dos alimentos que consumiam no Egito, mesmo recebendo o maná, um pão celestial enviado por Deus para sustentá-los no deserto.

É claro que é mais fácil analisar uma situação que você não está vivenciando, mas não sai da minha mente a pergunta: "Como sentir falta do lugar de exploração? Como sentir falta da comida que era servida no local de escravidão?".

O deserto realmente não é o melhor lugar para se estar. Uma praia, em um resort, regada a comidas variadas obviamente é bem melhor do que comer a mesma comida todos os dias. Porém, é muito mais interessante estar no deserto, passando por provas, mas sendo alimentada por Deus, e sabendo que há uma terra prometida, do que ficar lembrando de míseras coisas boas, que, aliás, nem eram tão boas assim, e ansiar por um tempo de escravidão.

Enquanto eles ansiavam pelos alimentos que costumavam comer no Egito, estavam presos em uma mentalidade de escravidão e limitação. Ao fixar os olhos no passado e nas lembranças dos prazeres que tinham, os israelitas perdiam de vista a liberdade e as promessas que Deus lhes havia dado. Eles estavam tão presos às suas antigas maneiras de viver que não conseguiam apreciar plenamente as maravilhas e as oportunidades presentes à sua frente.

Assim como os israelitas, também podemos ficar presos ao passado em nossas vidas. Podemos nos apegar a experiências passadas, às vezes até mesmo a circunstâncias negativas, e permitir que essas memórias nos impeçam de avançar. Podemos nos sentir nostálgicos em relação a uma época anterior, relembrando com saudade momentos que já se foram.

Deus havia tirado o povo do Egito, mas o coração deles insistia em manter-se ancorado na lembrança de um lugar em que representava sofrimento. Semelhante a eles, será que a nossa mente não está presa em míseras memórias boas de um local de sofrimento?

Será possível que tenhamos nos apaixonado ou decidido amar o sofrimento, tal como uma vítima que desenvolve a

Síndrome de Estocolmo? Impactante e repulsiva a possibilidade, mas ela é real.

Pode ser que você tenha reconhecido Jesus como o seu Salvador, como Aquele que perdoou todos os seus pecados por meio do sacrifício na cruz, oferecendo-lhe a vida eterna, mas ainda assim carrega o peso do seu passado, o fardo do seu sofrimento.

Seria hipocrisia e, talvez, irrealidade, afirmar que é simples deixar o sofrimento. É muito mais fácil sentir que somos coitadas, que a vida é muito sofrida, e que não há razão para continuar. O vitimismo é muito mais acessível que arregaçar as mangas e criar novas receitas a partir da matéria-prima disponível, que no caso dos israelitas era o Maná, e para a mulher estudada neste livro, o recomeço após a cura.

Você pode estar no deserto, mas se Deus está com você, tenho certeza de que haverá provisão. Então, **não permita que uma pequena lembrança boa do tempo de sofrimento faça com que fique presa, enquanto poderia estar aproveitando o alimento dado pelo Pai, e aprendendo com o que Ele quer ensinar no ambiente desafiador.**

Um fardo possível para a mulher curada do fluxo de sangue carregar seria, por exemplo, escutar os julgamentos ou apontamentos daqueles que a vissem retornando para o convívio social.

"Aaaaah, não é aquela mulher que vivia impura? Esperemos até quando ela ficará sem pecar. Em breve, ela pode ser castigada novamente pelos céus!" Palavras que machucam, certo? Mas são palavras que você só pode impedir que saiam da sua boca, pois não é possível controlar o que sai da boca da sua irmã.

Para não deixar que o fardo permanecesse sobre ela, a mulher precisou entender que estava curada, acreditar que não voltaria mais para a realidade de sofrimento, reconhecer que havia ganhado a posição de "filha" e se posicionar para que os julgamentos alheios não afetassem o seu futuro.

Acredito que quando ela recebeu algum olhar julgador, ou ouviu uma palavra dura, teve que repetir para si mesma: "Eu não sou mais escrava daquele sofrimento! Fui liberta por Jesus e posso viver em paz. Não vou dar atenção para o que dizem sobre mim, pois Ele já me chamou de filha". Pode ser que você esteja precisando dizer as mesmas palavras para si.

A cura foi recebida, mas um longo caminho se iniciava. Relacionamentos precisavam ser restaurados, novas formas de conseguir recursos financeiros deveriam ser encontradas, a reinserção na sociedade iria acontecer. Novos desafios, novos obstáculos, novas experiências...

Assim como aquela mulher precisou enfrentar desafios após receber a cura física, teremos sempre novos desafios a superar, visto que Cristo não nos prometeu uma vida fácil, sem qualquer aflição. Pelo contrário, afirmou que no mundo teríamos aflições, mas que deveríamos ter ânimo, porque Ele venceu o mundo[53].

O interessante é que o Mestre também disse: "Deixo-lhes a paz; a minha paz lhes dou. Não a dou como o mundo a dá. Não se perturbe o seu coração, nem tenham medo" (João 14:27). Isso significa que Ele nos convida a viver uma vida em que experimentamos a sua paz, uma paz que não

---

[53] Referência a João 16:33.

quer dizer blindagem para problemas, mas a confiança e a certeza de que, apesar dos obstáculos, não estamos sozinhas, que estamos seguras Nele. Uma vida que não é fácil, mas que tem a constante presença Dele.

O Salmo 91:1-2 nos diz: "Aquele que habita no esconderijo do Altíssimo e descansa à sombra do Todo-poderoso, pode dizer ao Senhor: 'Tu és o meu refúgio e a minha fortaleza, o meu Deus, em quem confio'". E o interessante da palavra descansar é que em hebraico significa passar a noite.

Descansar indicava para o hebreu uma habitação constante e contínua na proteção de Deus. Não era como um simples alojamento no meio de uma estrada, onde viajantes ficavam por um tempo. Mas era como uma casa paterna amorosa na qual havia o prazer de se abrigar por toda vida.

Agora, pensem comigo, o que você faz quando uma situação ruim chega? Você deixa o medo dominar a sua mente ou se abriga em Deus?

A paz que encontramos em nosso Deus e que tira todo nosso medo não é algo que depende de épocas e estações. As notícias dos jornais sobre catástrofes que acontecem no mundo não podem ter influência sobre aqueles que descansam em Deus. A peste que anda na escuridão não tem influência sobre aqueles que habitam na luz. E a destruição pode até assolar ao meio-dia, mas sobre aqueles que se escondem em Deus nasce outro sol, cujos raios trazem o verdadeiro descanso.

Isso é tão verdadeiro que o salmista escreveu uma das promessas mais lindas deste salmo: "Mil poderão cair ao seu lado, dez mil à sua direita, mas nada o atingirá" (Salmos 91:7).

Ou seja, o perigo pode estar tão próximo de nós, mas não será próximo o suficiente para tocar em nós. Agora, tocar o quê? Conhecemos cristãos que morreram de bala perdida, de câncer, e de Covid, não é mesmo?

O salmista nos ensina uma lição profunda: nenhum evento ou circunstância tem o poder de afetar nossa identidade em Cristo. Nada que nos aconteça pode mudar a essência de Jesus que está dentro de nós.

O apóstolo Paulo é um grande exemplo que ilustra o ensinamento desse salmo. Ele compreendia que não ser abalado pelo inimigo significava, muitas vezes, ser abandonado pelos homens, mas nunca ser abandonado por Deus. Paulo entendia que não ser atingido pelo inimigo não implicava em ser livre de adversidades, mas sim em saber que Deus estaria presente e o encontraria mesmo no meio das adversidades.

Paulo tinha uma compreensão profunda de que não ser atingido pelo inimigo significava que, muitas vezes, Deus não nos livrará da fornalha, mas nos livrará na fornalha; que nem sempre Deus nos livrará da morte, mas nos livrará através da morte. Ele reconhecia que a proteção divina não necessariamente implicava em evitar todas as dificuldades e provações, mas sim em experimentar a presença e o livramento de Deus no meio delas. Paulo entendia que, mesmo diante das situações mais desafiadoras e perigosas, Deus sempre estará presente para nos sustentar, fortalecer e guiar, mostrando-se fiel em todas as circunstâncias.

Acreditemos firmemente na verdade de que Deus já está em nosso futuro. Essa convicção nos permite descansar em Sua soberania, pois sabemos que Ele está sempre no controle de todas as coisas. Podemos confiar plenamente em Sua sabedoria e providência, mesmo quando não compreendemos os caminhos que Ele escolhe. Em vez de nos preocuparmos com o desconhecido, podemos depositar nossa confiança no Deus eterno, que guia nossos passos e nos conduz com amor e cuidado ao longo de nossa jornada.

Ao ser chamada de filha, a partir do reconhecimento de Jesus como o seu Mestre, a mulher curada do fluxo de sangue recebeu a salvação e a esperança de uma vida eterna com o Criador. Sabe o que é melhor? Percebeu que aqueles doze anos de dor e sofrimento não eram nada se comparados com o que ela viveria na eternidade, em que não haverá tristeza, choro, dor ou morte, momento em que tudo se fará novo[54].

Querida amiga, assim como aquela mulher, você está sendo convidada a viver livre do seu sofrimento, a receber a paz e o descanso entregues por Jesus. Não deixe que uma palavra, um gesto ou uma dor do passado continue marcando o seu futuro. Perdoe o seu irmão, perdoe-se e siga em frente. O Mestre tem muitos outros milagres para realizar em sua vida e por meio de você. Permita-se ser instrumento Dele para também abençoar outras vidas.

---

[54] Referência a Apocalipse 21:4.

10

Floresça na busca por esperança

"[...] Vá em paz..."
Marcos 5:34, parte "b".

Quando pensamos em esperança, tendencialmente temos a nossa mente levada para um de seus significados, que é acreditar. Afinal, a esperança pode ser compreendida por meio da crença de que o desejado se concretizará. Entretanto, outro significado para a palavra consiste no "ato de esperar aquilo que se deseja obter" (MICHAELIS, 2023)[55].

---

[55] MICHAELIS. Dicionário brasileiro da língua portuguesa. **Esperança**. Disponível em: https://michaelis.uol.com.br/moderno-portugues/busca/portugues-brasileiro/esperan%C3%A7a/. Acesso em: 15 maio 2023.

O desejo por algo é mantido no significado, porém acrescenta-se a palavra "espera". Sentiu um calafrio aí? Sei que nenhuma mulher gosta de esperar. Até as mais tranquilas, as que são conhecidas como calmas e "de boa" perante a sociedade, podem se ver entediadas quando precisam esperar.

Nem tudo será obtido no momento que queremos ou planejamos. Se você tem o temperamento colérico, dominante/influente e tem a liderança no sangue, a última frase precisa ecoar algumas vezes em sua mente, pois se não entendê-la correrá o risco de estar sempre frustrada.

Pense na história da mulher do fluxo de sangue pelo ponto de vista da espera. Como toda mulher, ela esperou o seu período menstrual passar. Esperou o tempo normal, mas ele se prolongou. Esperou, esperou e esperou... Doze anos se passaram e nada daquilo acabou.

Quando percebeu que algo estava errado, recorreu ao primeiro médico. Teve esperança, acreditou que a receita para a sua cura havia chegado, mas não chegou. Esperou por vários anos, todavia sempre procurou por novas soluções.

E aqui vale um ensinamento, pois a nossa espera pode ser proativa. Não dá para querer que o que você deseja caia do céu ou bata na sua porta. Se você quer tomar posse em um concurso, sente-se na cadeira e vá estudar. Se quer ser promovida, capacite-se e mostre para o seu líder o valor que você gera à empresa. Se quer construir uma família, participe dos eventos da igreja para conhecer novas pessoas. Não fique parada!

Aquela mulher esperou, mas fez tudo o que estava ao seu alcance para conquistar a sua cura. Inclusive, foi proativa ao decidir enfrentar todos os possíveis julgamentos para poder encontrar o Mestre.

A espera me lembra do vaso de barro, que pode ser comparado a nós, visto que, por meio do profeta Jeremias, Deus disse à Israel: "Como barro nas mãos do oleiro, assim são vocês nas minhas mãos" (Jeremias 18:5). Além disso, no primeiro livro da Bíblia há a informação de que o Homem foi formado do pó da Terra[56]; e pó e água formam o barro, que é base para o vaso.

Se você ainda não foi em uma olaria, recomendo a visita para compreender com maior profundidade o que Deus quis dizer ao falar que somos barro nas mãos Dele[57].

Primeiramente, não é qualquer tipo de barro que serve para que um vaso seja formado. Quando fui a uma olaria, o oleiro me informou que, apesar de existir uma quantidade considerável de barros no planeta Terra, apenas oito deles serviam para produzir um vaso. Assim, aprendo que o oleiro precisa conhecer o barro próprio para manusear, e mais ainda, escolher com o que quer trabalhar. E se somos barro nas mãos de Deus, Ele nos escolheu.

"Vocês não me escolheram, mas eu os escolhi para irem e darem fruto, fruto que permaneça, a fim de que o Pai lhes conceda o que pedirem em meu nome" (João 15:16).

Depois de escolhido, o barro é misturado. O oleiro adiciona água, amolece ele, e aproveita para retirar as impurezas. Quais

---

[56] Referência a Gênesis 2:7.

[57] Você também poderá assistir vídeos para compreender como é o processo realizado na olaria. Segue o link de um desses vídeos: RICTV. **Conheça a arte milenar de fazer vasos de barro.** Disponível em: https://www.youtube.com/watch?v=st50WB1Uff8&t=657s. Acesso em: 15 maio 2023.

impurezas? Uma pedrinha, outra pedrinha, uma grama mais espessa... tudo o que pode atrapalhar na formação do vaso.

A semelhança com a nossa vida não é mera coincidência. Há momentos que amizades, gostos, afinidades, trabalhos e sonhos são retirados de nossas vidas sem entendermos. Há momentos que parece que a nossa vida torna-se uma neblina em que não vemos mais nada, mas é Deus misturando os elementos e nos limpando.

Em sequência, chega o momento de ser amassado. E ser amassado dói. O barro é levado de um lado para o outro, colocado em locais que não queria, de um jeito que não desejava. Tudo isso para ganhar liga e ficar pronto para ser moldado de acordo com o formato que o oleiro deseja.

Quando chega para ser trabalhado pelas mãos do oleiro, o barro novamente é amassado, pois não pode restar qualquer bolha de ar nele, já que ela prejudicaria todo o restante do processo.

Assim que o oleiro considera que o barro está pronto, começa a moldá-lo com um misto de delicadeza e firmeza nas mãos. O ponto ideal para obter o formato desejado, mas sem desconfigurar o vaso. O barro, que agora tem forma de vaso, ganha as marcas das digitais do oleiro, e os detalhes que ele deseja. Não adianta querer receber uma função diferente ou um detalhe a mais, pois quem molda é o oleiro. Nada acontece sem o querer dele.

"Depois de ganhar o formato, logo fica pronto." Pode ser que você tenha pensado isso, mas não é assim. Na verdade, é agora que o jogo começa. É como em nossa vida, depois que Deus lhe coloca em um lugar, as provas começam para que você adquira resistência.

E a primeira prova para o vaso depois de formado é a espera pelo tempo de secagem. Ouvi do oleiro que um vaso pode ter que esperar cerca de sessenta dias para a sua próxima fase, a depender da temperatura, das condições do barro e da função que será dada ao vaso.

Se o vaso quiser reter o líquido que precisa sair dele, o tempo de espera será maior. Veja que interessante! Se nos desertos da vida quisermos ter o controle, mantendo o que deveria sair de nós, nosso tempo de espera continuará aumentando. Já pensou nisso? Às vezes, continuamos sofrendo porque não deixamos ir embora o que Deus não quer que permaneça em nossas vidas.

O agravante é que o barro sabe que foi moldado, amassado, formatado, colocado em espera, mas não sabe o motivo de tudo isso. Se pudesse falar, e começasse a reclamar ou reivindicar a sua volta para o seu estado original, que é na natureza, ele nunca chegaria à nova função, isto é, sendo instrumento para tocar outras vidas.

Assim, mesmo que você não entenda o motivo de Deus permitir o que está acontecendo em sua vida, saiba que Ele tem um objetivo. Ele sabe de tudo, é o criador do universo e do que Nele há, tem todo poder; razão pela qual é muito mais sábio confiar Nele do que em suas próprias mãos.

Depois que o vaso aprende a esperar, elimina todo o líquido que estava nele, pode ser exibido para a venda? Não, não. Apenas chegou a hora do fogo. Antes disso, se ele ganha alguma rachadura, se quebra alguma parte ou se ganha bolhas durante a espera, todo o processo é refeito até ali.

Se não está pronto para o fogo, precisa passar pelas lições anteriores novamente. A parte boa é que o oleiro não desiste dele. Mesmo que esteja quebrado, faltando partes, fora das condições adequadas, o oleiro tem paciência para submetê-lo a todos os processos novamente.

Passou pela espera e está pronto, delicadamente o oleiro leva o vaso para a fornalha. Delicadamente porque ele ainda não possui força para suportar consideráveis pesos.

A fornalha é aquecida gradualmente, pois um vaso colocado diretamente em 600°C receberia uma rachadura no mesmo instante. O oleiro sabe o que o vaso consegue suportar, por isso aquece a fornalha de forma contínua, mas gradual. E, de acordo com o oleiro que conheci, pode chegar a quase 800°C.

Muito quente, não é mesmo? Porém necessário para dar resistência ao vaso, para que possa exercer o propósito que o oleiro tem para ele. O vaso não pensa ou fala, nós sim, e em alguns momentos podemos pensar que não iremos suportar o que estamos vivendo... Então, é por isso que já está escrito:

> Não sobreveio a vocês tentação que não fosse comum aos homens. E Deus é fiel; ele não permitirá que vocês sejam tentados além do que podem suportar. Mas, quando forem tentados, ele mesmo lhes providenciará um escape, para que o possam suportar (1 Coríntios 10:13).

Após horas na fornalha, o vaso é retirado, esfria e passa a estar pronto para exercer as funções para as quais foi criado. Agora, com resistência, força e experiência para exercê-las com êxito.

Esperança também me lembra do seguinte texto:

> Tendo sido, pois, justificados pela fé, temos paz com Deus, por nosso Senhor Jesus Cristo, por meio de quem obtivemos acesso pela fé a esta graça na qual agora estamos firmes; e nos gloriamos na esperança da glória de Deus. Não só isso, mas também nos gloriamos nas tribulações, porque sabemos que a tribulação produz perseverança; a perseverança, um caráter aprovado; e o caráter aprovado, esperança. E a esperança não nos decepciona, porque Deus derramou seu amor em nossos corações, por meio do Espírito Santo que ele nos concedeu (Romanos 5:1-5).

O apóstolo Paulo, autor do livro de Romanos, compartilha conosco não apenas uma esperança genérica, mas especificamente a esperança na glória de Deus. Ele nos ensina que, para alcançar essa esperança, devemos passar por um processo transformador, assim como um vaso nas mãos de um oleiro.

Como seres humanos, muitas vezes nos esquecemos facilmente da esperança que temos em Cristo Jesus. Diversos fatores e eventos podem contribuir para esse esquecimento, e um deles é quando entramos em uma estação da vida caracterizada por tribulações e sofrimentos. No entanto, Paulo nos ensina que Deus permite que passemos por essas estações porque Ele sempre tem um propósito em cada momento de nossas vidas. Mesmo que não compreendamos completamente ou não consigamos enxergar com nossos olhos naturais, podemos confiar que Deus tem um propósito por trás das tribulações que enfrentamos.

Paulo afirmou: "Não apenas isso, mas também nos gloriamos nas tribulações, sabendo que a tribulação produz perseverança" (Romanos 5:3). Essa declaração não significa que devemos nos alegrar por causa das tribulações ou do sofrimento em si, mas sim pelos frutos e resultados que elas podem trazer. Paulo ressalta que a tribulação tem o potencial de produzir o fruto da perseverança em nós. A palavra grega para tribulação é *thlipsis*, que carrega o significado de pressão. Na vida cristã, enfrentamos muitas pressões e dificuldades. No entanto, é essencial que aprendamos a não ficar presos apenas na fase do sofrimento. Precisamos compreender que estamos em um processo contínuo, como um ciclo, e quanto mais passamos por esse ciclo, mais crescemos e nos fortalecemos.

Ser cristã não nos isenta das pressões e do sofrimento, mas traz em nossos corações a certeza de que Deus age em todas as circunstâncias para o bem daqueles que o amam e Paulo nos ensina que parte desse "bem" é o fato de que o nosso sofrimento pode produzir perseverança.

Perseverança é o ato de continuar avançando, mesmo quando pensamos que não podemos mais seguir em frente ou quando nos sentimos sem forças. É aquilo que nos impede de desistir, pois temos a certeza de que Deus está no controle de todas as coisas e está trabalhando a nosso favor. A perseverança nos proporciona a garantia de que estamos sendo transformados por Deus. Ele age em nosso coração, renovando nossas mentes e moldando nosso caráter. Portanto, em tempos de tribulação, não devemos desanimar, mas perseverar firmemente. Por meio da perseverança, somos levadas a desenvolver um caráter aprovado. Não se trata apenas de qualquer tipo de caráter, mas de um caráter que foi provado e aprovado por Deus. Ao passarmos pelas experiências desse ciclo, percebemos que emergimos do outro lado mais fortes, mais sábias, mais gentis e mais compassivas. É ao sermos aprovadas em nosso caráter que encontramos a verdadeira esperança. Durante o processo, temos experiências significativas com Deus e testemunhamos Sua fidelidade em nos capacitar a superar os desafios. Por meio da perseverança, descobrimos a essência da esperança que transcende as circunstâncias, pois sabemos que Deus está trabalhando em nós e por nós.

Paulo nos ensinou que essa esperança não é vaga ou vazia, mas sim uma esperança segura, pois o amor de Deus foi derramado em nossos corações. O ciclo da esperança nos conduzirá à esperança da glória de Deus – a esperança da vida eterna e de uma vida plena em comunhão com o nosso Deus. Portanto, se você está enfrentando tribulações e sofrendo, encorajo-a a perseverar, pois Deus cuidará do seu caráter e renovará a sua esperança. Confie que Ele está presente em sua vida, trabalhando em todas as coisas para o seu bem. Permita que a esperança em Deus seja a âncora que a sustenta em meio às adversidades.

Assim como a mulher do fluxo de sangue encontrou coragem para buscar Jesus, lembre-se de que um toque da graça divina pode transformar a sua vida por completo. Mesmo que pareça impossível, confie em Deus e busque o Seu toque de amor e misericórdia.

Não guarde essa esperança apenas para si mesma. Compartilhe-a com aqueles que estão ao seu redor. Talvez haja pessoas em sua vida que também estão enfrentando desafios e precisam ouvir palavras de encorajamento e fé. Seja um instrumento de esperança para elas, transmitindo a mensagem de que Deus está pronto para trazer cura e restauração a todos.

A palavra esperança também me lembra sobre a mais importante espera do Cristão, que é a espera da volta de Jesus para poder viver a vida eterna com Deus. Jesus morreu para nos dar o direito de viver a vida eterna com Ele, com o Pai e com o Espírito Santo. A volta Dele será um fato histórico, e nós precisamos ansiar e esperar por ela, precisamos estar preparados para ela.

> Pois, dada a ordem, com a voz do arcanjo e o ressoar da trombeta de Deus, o próprio Senhor descerá dos céus, e os mortos em Cristo ressuscitarão primeiro. Depois nós, os que estivermos vivos, seremos arrebatados com eles nas nuvens, para o encontro com o Senhor nos ares. E assim estaremos com o Senhor para sempre. Consolem-se uns aos outros com essas palavras (1 Tessalonicenses 4:16-18).

> Portanto, vigiem, porque vocês não sabem em que dia virá o seu Senhor. Mas entendam isto: se o dono da casa soubesse a que hora da noite o ladrão viria, ele ficaria de guarda e não deixaria que a sua casa fosse arrombada. Assim, vocês

também precisam estar preparados, porque o Filho do homem virá numa hora em que vocês menos esperam (Mateus 24:42-44).

Nossa esperança é Sua vinda, o Rei dos Reis vem nos buscar. Nós aguardamos, Jesus, ainda, até a luz da manhã raiar (Hino 300, Harpa Cristã).

Poderia falar de inúmeros aprendizados que podemos obter com a história da mulher do fluxo de sangue, mas a possibilidade de conhecer e viver as próximas páginas da vida dela de acordo com os princípios do Mestre é o maior deles. **A esperança inicial de cura passou a ser a esperança da vida eterna.**

O ministério de Jesus na Terra foi pequeno, motivo pelo qual posso pensar que aquela mulher soube de sua terrível morte na cruz. Porém, também acredito que ela tinha a certeza de sua volta e ansiava viver com Ele eternamente. Certamente, é uma mulher que quero ter a oportunidade de conhecer no Céu.

Assim como ela, **espere pelo seu Criador, ande em seus caminhos, tenha a certeza de sua salvação e creia que os sofrimentos desta Terra não são nada se comparados com o que será revelado e vivido na Glória de Deus**[58].

---

[58] Referência a Romanos 8:18.

11

Floresça nas estações

REFLETINDO SOBRE A HISTÓRIA DA MULHER DO FLUXO DE SANGUE, lembrei-me imediatamente de um livro que li, escrito por um pastor muito especial, que é amigo íntimo de nossa família: Pastor Mário Simões. Trata-se do livro *As Quatro Estações da Vida*, uma obra que me marcou profundamente. Ao ler as páginas dessa publicação, fui transportada para um mundo no qual as estações do ano se entrelaçam com as experiências humanas. Cada estação – o Outono, o Inverno, a Primavera e o Verão – simboliza diferentes fases da vida, cada uma trazendo suas próprias lições e desafios.

Assim, quero fazer um paralelo entre a história da mulher do fluxo de sangue e as quatro estações, percebendo como esses elementos se conectam harmoniosamente.

Todas nós sabemos que durante o ano ocorrem as quatro estações: Primavera, Verão, Outono e Inverno. O que algumas podem não saber, entretanto, é que as estações se originam a partir da inclinação da Terra em relação ao Sol, que acontece por causa da translação, isto é, o movimento que a Terra faz ao redor do Sol, e que tem a duração de 365 dias (FIOCRUZ, 2023)[59].

Não é preciso ser cientista para perceber, já que é possível ver a olho nu, as alterações na natureza que cada estação traz consigo. Se você observar um campo durante um ano, perceberá que as suas árvores terão o período sem folhas, com aspecto de sequidão, ganharão nova vida, florescerão e darão frutos.

Ao observar o mesmo lugar por um ano, entenderá que há um tempo para todas as coisas[60], e que a vida é um ciclo. No caso, não só a vida exterior, ou seja, a vida na natureza, mas também a vida interior, pois a nossa vida também está em constante movimento, passando por ciclos e estações. Alguns são momentâneos e situacionais, e outros fazem parte de um processo sequencial e cronológico (SIMÕES, 2019)[61].

"Até a cegonha no céu conhece as estações que lhe estão determinadas, e a pomba, a andorinha e o tordo observam

---

[59] FIOCRUZ. **As estações do ano.** Disponível em: http://www.fiocruz.br/biosseguranca/Bis/infantil/estacoes-ano.htm. Acesso em: 22 maio 2023.

[60] Referência a Eclesiastes 3.

[61] O presente capítulo fará diversas referências ao livro do meu amigo, Mário Kaschel Simões. Desse modo, sempre que a citação for indicada com "(SIMÕES, 2019)", estará se referindo a:
SIMÕES, Mário Kaschel. **As 4 estações da vida:** supere os desafios e aproveite as oportunidades. DCL: 2019.

a época de sua migração. Mas o meu povo não conhece as exigências do Senhor" (Jeremias 8:7).

Para pensar sobre a necessidade de compreender a mudança de estações, leia atentamente a seguinte história:

> Uma equipe de filmagem estava gravando nas Montanhas Rochosas, nos Estados Unidos, e um índio se aproximou do diretor e disse: "Amanhã vai nevar!", porém o diretor ignorou suas palavras. No dia seguinte, no meio da filmagem, as nuvens cobriram o céu e começou a nevar, e a filmagem daquele dia foi estragada.
>
> Alguns dias depois, o tempo estava lindo, e o índio voltou novamente e disse ao diretor: "Amanhã vai chover!", mas novamente foi ignorado. No dia seguinte, durante a filmagem, os ventos mudaram e caiu o maior temporal, arruinando mais um dia de gravação.
>
> O diretor chamou seu assessor e disse: "Procure aquele índio e contrate-o para trabalhar conosco e ser nosso meteorologista. Não vamos mais gravar sem consultá-lo". O índio foi contratado e os orientou com precisão a respeito das mudanças climáticas na região.
>
> Depois de umas três semanas, o índio não foi trabalhar e o diretor mandou seu assessor buscá-lo. Quando o índio chegou, disse ao diretor: "Perdoe-me, mas eu não posso mais ajudá-los". "Por quê?", indagou o diretor, "Você quer ganhar mais?" "Não", respondeu o índio, "Meu radinho quebrou!".

As soluções, quando encontradas, muitas vezes parecem ser tão óbvias e simples. Você não precisa de um índio a tiracolo para lhe dizer que a estação está mudando (SIMÕES, 2019, p. 24).

Tal como na história, às vezes nos apegamos, mesmo que inconscientemente, a situações da vida que nos impedem de ver ou enfrentar a realidade de que a estação foi alterada. Por esse motivo, neste capítulo vamos estudar um pouco sobre cada estação das nossas vidas, e como é importante compreendermos cada uma.

Outono

O Outono nos lembra de folhas caindo no chão, de jardins cheios de folhas de diversos tamanhos e cores, e de árvores sem folhas e que parecem ter ganhado um tapete colorido para as rodear. Para a estação da vida, por outro lado, o cair das folhas pode representar provações, brigas, lutas ou perdas.

Mesmo que você não tenha feito nada para provocar a mudança de estação, o Outono chega e traz consigo dificuldades. Uma ligação relatando a perda de um ente querido, um desentendimento com o cônjuge, a notícia de que precisa comparecer ao RH da empresa, uma queda na bolsa de valores, a notícia de uma doença... Coisas inesperadas, mas que vez ou outra surgem em nossas vidas.

É a estação mais difícil de todas, e que pode ser comparada a um deserto, em razão da extremidade de situações que envolve. Durante o dia, o sol escaldante; durante a noite, um frio rigoroso. A mudança de temperatura constante, isto é, de situações angustiantes, faz com que quem está passando por esta estação sinta-se vulnerável e queira sair logo dela (SIMÕES, 2019).

Apesar do desejo de não vivenciar o Outono, passaremos por ele várias vezes durante a nossa vida. Não foi à toa que Jesus disse: "Neste mundo vocês terão aflições; contudo, tenham ânimo! Eu venci o mundo" (João 16:33). As aflições são inevitáveis, o diferencial está em passar por elas confiando em Cristo e tendo a certeza de que os momentos difíceis têm algo para nos ensinar.

Para a "mulher do fluxo de sangue", o Outono chegou quando ela foi diagnosticada com uma doença. Foi, então, que a primeira folha de sua árvore caiu, quando seu fluxo menstrual mensal não parou por mais nem um minuto. A partir dali, ela não apenas sangrava fisicamente, ela sangrava em todas as outras áreas de sua vida, afinal, há mais de uma maneira de sangrarmos.

O Outono chegou para essa mulher quando folha por folha de sua árvore começaram a cair até ficar apenas galhos e raízes. Ela gastou tudo o que tinha com tratamentos e mais tratamentos, dando tudo que tinha à médicos, perdendo amigos, amigas, talvez esposo e filhos. Foram grandes perdas nesta estação da sua vida.

Porém, o Outono não é somente uma estação muito difícil, ele também tem a função de nos ensinar e nos beneficiar em algo. Assim é o Outono para a natureza, é uma época em que muitas plantas e árvores produzem sementes, que são importantes para a reprodução e a continuidade das espécies. As sementes podem ser espalhadas pelo vento, por animais ou por outros meios, o que ajuda a garantir que as plantas e árvores continuem a crescer e se reproduzir.

Talvez você esteja durante essa leitura na estação do Outono, e eu preciso dizer que, por mais que essa estação seja muito difícil, ela também traz muitos benefícios, e um dos melhores é nos ajudar a reconhecermos que somos vulneráveis e dependentes de Deus.

Em algum momento, o Outono da sua vida vai terminar, já que ele não é eterno. Assim como para a mulher do fluxo de sangue, ele também terá um fim para você.

> A pergunta que mais fazemos no Outono é: "Por que isso aconteceu? Por que Deus fez isso comigo?". Sempre queremos saber o porquê de tudo, queremos achar um responsável, um culpado. Quando você pergunta "por quê?", está olhando para o passado e se colocando como vítima à procura de um culpado. Porém, quando você pergunta "para que", está olhando para o futuro e colocando-se como vitorioso à procura de um significado (SIMÕES, 2019, p. 35).

Embora não possamos controlar as estações que surgem em nossa vida, temos o poder de escolher como enfrentaremos cada uma delas.

O que para nós é um tempo aparentemente de perdas, para Deus é um tempo de ganho. Ele usa os fortes ventos para remover de nós todo o excesso de carga, ferramentas desnecessárias, relacionamentos doentios, relacionamentos abusivos, vícios do passado e tantas outras coisas mais.

Assim como as folhas caem gentilmente das árvores, podemos nos lembrar de soltar o que não nos serve mais, permitindo que nossas preocupações e fardos também caiam suavemente ao chão. Podemos usar essa estação como uma oportunidade para refletir sobre nossa própria jornada, deixando para trás aquilo que nos impede de crescer e florescer.

Enquanto a mulher do fluxo de sangue enfrentava a interminável jornada de doze anos, cada dia parecia um interminável outono de desesperança. No entanto, em meio à sua incerteza, ela não tinha ideia de que estava prestes a entrar em uma nova estação, guiada pelo próprio mover de Deus.

Inverno

Quando pensamos no inverno, automaticamente nos lembramos de pessoas se agasalhando por causa das baixas temperaturas. O clima é favorável para comidas aquecidas e reuniões em ambientes fechados, a fim de que os indivíduos mantenham-se protegidos. Inclusive, é de conhecimento comum que essa é a estação própria para alguns animais entrarem no estado de hibernação.

Assim como no inverno externo, o inverno interno, isto é, o inverno da vida pode ser marcado pela opção da pessoa de se manter mais isolada. Trata-se daquele momento que nos mantemos reclusas para refletirmos e nos recuperarmos das folhas que caíram no Outono.

> O sentimento de perda, tristeza e muitas vezes o medo do desconhecido ainda estão presentes. Para muitos, é um tempo de solidão e isolamento. [...] Esse é um momento em que você faz uma avaliação de sua vida, reflete sobre o que aconteceu no passado e começa a olhar para o futuro. Além disso, você deseja encontrar um novo propósito e começa a perguntar: "Por que estou aqui? Quais são as lições que Deus quer me ensinar? Onde preciso mudar?" (SIMÕES, 2019, p. 54 e 55).

O Inverno é o período próprio para avaliar-se, visto que **uma vida sem a prática da autoavaliação perde seu valor e não alcança sua plenitude.**

O interessante é que no Inverno Deus nos ensina, pois o período caracterizado por reflexão e reclusão serve para gerar transformação; e as mudanças são necessárias para o Criador nos moldar de acordo com o que Ele quer para as nossas vidas.

Lembra-se da borboleta? O processo de metamorfose é marcado pela reclusão. O casulo é necessário para que a lagarta ganhe força e se transforme em borboleta. É no casulo que ela ganha as habilidades necessárias para voar, e é no Inverno que somos tratadas para poder impactar outras vidas. Não se trata de mudar para parecer-se com o A ou B, mas para tornar-se a pessoa que Deus quer que você seja.

Tornar-se quem Deus quer que você seja envolve permitir-se ser curada, visto que quem não é curada, em vez de curar, acabará ferindo outras pessoas. Algo interessante sobre o processo de cura é que há pessoas que tentam esconder as suas feridas dos amigos e dos pastores, esquecendo-se de que o pastor dos pastores sabe de todas as coisas e quer o melhor para elas.

Esconder o que precisa ser tratado ou não reconhecer as feridas é mais cômodo, talvez menos doloroso, mas só tem o poder de retardar ainda mais a chegada da próxima estação. Afinal, a passagem de uma estação para outra da vida não necessariamente acontecerá, como na natureza, de quatro em quatro meses, já que as estações da vida requerem que você tenha aprendido tudo o que elas têm a oferecer.

> Assim como as árvores perdem a sua folhagem e os galhos ficam totalmente expostos e visíveis, Deus remove todas as máscaras e proteções da nossa vida para nos mostrar quem realmente somos. É um sentimento desconfortável, porém necessário para identificar nossos erros e começar um período de reparo e cura (SIMÕES, 2019, p. 62).

> [...] Deus, durante o Inverno, segura você em Suas mãos, e com muito carinho vai removendo as impurezas, dando forma ao barro, para fazer de você uma linda obra de arte (SIMÕES, 2019, p. 69).

"Ele muda as épocas e as estações" (Daniel 2:21).

Creia que Deus, o detentor de todo o poder, pode transformar a estação da sua vida neste exato momento!

Fico imaginando como foi essa estação para a mulher do fluxo de sangue. Acredito que ao passar do tempo, quando ela se viu em uma situação que não se alterava, pelo contrário, o fluxo sanguíneo apenas aumentava e as suas dores se intensificaram, ela entendeu que estava na estação do Inverno em sua vida.

Uma estação em que ficou reclusa por determinação da religião, mas também acredito que por causa de uma escolha pessoal. A Bíblia não nos diz se ela tinha esposo ou filhos, porém é possível entender que ela, no mínimo, não pôde mais usufruir de abraços, carinhos e beijos. Aaaah, como deve ter sido difícil essa estação para ela!

O isolamento prolongado poderia ser um fardo emocional e físico para a mulher. Ela poderia sentir solidão, ansiedade e desespero por não poder participar da vida cotidiana, podendo sofrer consequências psicológicas a longo prazo devido ao estigma social associado à sua condição. Ela poderia ser vista como impura, indesejável e até mesmo amaldiçoada. Essas atitudes negativas poderiam afetar sua autoestima e autoconfiança, e impactar negativamente sua vida social e emocional.

Em resumo, a dor da mulher do fluxo de sangue durante o período de isolamento era uma combinação de dor física, isolamento social e estigma cultural. Essa situação poderia ser um fardo para a mulher em vários aspectos, incluindo saúde física e mental.

Mas, assim como o Outono não tem apenas suas dores, o Inverno também não. O Inverno é uma estação do ano que traz benefícios importantes para a natureza. É uma época em que muitos animais reduzem suas atividades para conservar energia e sobreviver ao frio. Isso ajuda a proteger esses animais de lesões e doenças. Em resumo, o Inverno oferece a conservação de energia, a regulação da população, a manutenção de ecossistemas e a disponibilidade de recursos importantes.

Pensando em nossas relações benéficas com essa estação, quero lembrá-la de que Deus tem prazer em estar presente em nossas vidas, mesmo nas estações mais difíceis. Ele é um Deus que se preocupa conosco e deseja nos amar incondicionalmente.

Se desejarmos, podemos confiar Nele e contar com Sua ajuda para nos fortalecer e nos guiar durante os momentos de isolamento. Através da oração, meditação na Palavra de Deus e comunhão com os irmãos, podemos encontrar consolo e encorajamento.

Além disso, é importante lembrar que o isolamento não precisa ser uma experiência solitária. Podemos nos conectar com outras pessoas que também estão passando por situações semelhantes, ou buscar o apoio e a ajuda de amigos e familiares próximos. O amor e a compaixão de outras pessoas podem nos ajudar a superar o isolamento e encontrar forças para continuar florescendo.

Para a mulher, quando tudo parecia perdido, um murmúrio de esperança atravessou seus ouvidos: alguém especial estava vindo para sua cidade. O coração dela saltou de alegria ao saber que o possível Salvador estava por perto, trazendo consigo a promessa de um novo começo. As sementes da expectativa começaram a brotar em sua alma, e ela sabia que algo extraordinário estava prestes a acontecer. Em meio às incertezas e aos desafios, ela estava determinada a buscar o encontro com Jesus, sabendo que sua fé e coragem seriam recompensadas além de sua imaginação.

Primavera

A origem da palavra pode nos fazer pensar sobre o seu significado. Desse modo, o termo primavera tem como fonte duas palavras em latim, sendo elas *prima* (primeiro lugar) e *vera* (verão)[62]. E o que podemos aprender com o primeiro verão ou a primeira estação?

Pense em um restaurante chique. Há algo que é servido antes do prato principal, certo? As entradas são uma preparação para o que vem a seguir, tal como a primavera é uma pequena degustação do que será encontrado no Verão.

A analogia também pode ser aplicada ao casamento. Não é comum que dois brasileiros se conheçam apenas no dia do casamento. A menos que façam parte de um experimento social, a situação não acontece. O comum é que ocorram os períodos de namoro e noivado, a fim de que duas pessoas se conheçam e se preparem, na medida do possível, para o casamento.

A Primavera, sendo a preparação para o Verão, é um momento em que oportunidades devem ser agarradas.

---

[62] DIJIGOW, Patrícia. **A origem da primavera.** Disponível em: https://www.escoladebotanica.com.br/post/primavera#:~:text=A%20palavra%20primavera%20%C3%A9%20derivada,mais%20fria%2C%20celebrada%20pela%20colheita. Acesso em: 17 maio 2023.

No desabrochar das flores, na saída dos animais de suas hibernações surgem situações que merecem adubação, cuidado e atenção. É o período para renascimentos e renovações.

> Todos os anos, logo após um longo Inverno, vem a Primavera. É o momento em que as oportunidades surgem, as flores desabrocham e as criaturas saem de sua hibernação. [...] É a estação de plantar as sementes que um dia irão frutificar no futuro. É tempo de preparar a terra para a próxima colheita. É o momento em que a vida floresce (SIMÕES, 2019, p. 75).

Preparar-se para algo novo requer avaliação de objetivos, visto que não adianta querer colher manga se você plantou laranjas. Não faz qualquer sentido. Nesse contexto, é na Primavera que você precisa listar as suas metas, verificar o que está realizando para alcançá-las; traçar novos objetivos e, consequentemente, estabelecer novas estratégias; e eliminar ações que não fazem mais sentido para o que pretende colher no futuro. É o período propício para reconhecer o que foi feito e idealizar voos mais altos e melhores.

> A Primavera é um trampolim para o futuro desejado. É uma fase de liberdade para sonhar com o amanhã. É uma época muito especial para avaliar, planejar, preparar e traçar um caminho novo, com novos compromissos. É tempo de escrever um novo roteiro para o próximo capítulo

do livro de sua vida, deixar tudo o que o prendia ao passado e correr para o futuro (SIMÕES, 2019, p. 76).

Para a mulher cristã, a Primavera é o período de pedir a Deus para mostrar o que Ele quer fazer através de sua vida, pois ela sabe que a vontade Dele é boa, perfeita e agradável[63] e muito melhor do que se pode imaginar.

"Pois é Deus quem efetua em vocês tanto o querer quanto o realizar, de acordo com a boa vontade dele" (Filipenses 2:13).

Para entender o direcionamento de Deus é preciso ter atenção ao que Ele fala, que pode acontecer de diversas formas. Por isso, não podemos deixar que as atividades diárias, que envolvem cuidar da casa, trabalhar, apoiar os filhos e o esposo, participar de atividades religiosas e comunitárias, e tantas outras, sejam ruídos que nos atrapalhem de entender o que Ele tem respondido.

A Primavera também é a estação própria para livrar-se de tudo aquilo que, mesmo que inconscientemente, a coloca para baixo. É o momento de deixar o pessimismo e a incredulidade em si de lado, por meio da identificação de suas qualidades e habilidades.

Mulher, Deus a criou com as mãos Dele, e Ele é o escultor, pintor, artista e desenhista mais completo... não há qualquer possibilidade de você não ter nada a oferecer para cumprir a vontade Dele na sua vida. Então, mesmo que con-

---

[63] Referência a Romanos 12:2.

sidere mínimo o que tem, use o pouco para transformar a sua vida e a vida dos que estão ao seu redor.

Lembre-se de que o pouco com dedicação, olhar atento, estratégia e persistência pode ser multiplicado. Assim, use o que você tem, desenvolva as suas habilidades e aproveite ao máximo todas as oportunidades.

Para a mulher do fluxo de sangue, a estação da Primavera chegou em sua vida quando ela tocou em Jesus e foi curada instantaneamente. Acredito que uma onda de emoções inexprimíveis tomou conta dela. Imagino a alegria e o alívio que inundaram seu coração e mente naquele momento tão transformador.

Por tantos anos, ela havia vivido com a condição debilitante de um fluxo de sangue contínuo. Ela enfrentou o Outono e o Inverno, suportando o desespero, a frustração e a sensação de estar aprisionada em seu próprio corpo. Mas quando ela tocou as vestes de Jesus, algo extraordinário aconteceu.

Acredito que, no instante em que seu toque foi feito, ela sentiu uma sensação de calor e energia percorrer todo o seu ser. Era como se um fardo pesado tivesse sido retirado de seus ombros e uma nova vida tivesse sido infundida em seu corpo exausto. Ela sentiu uma profunda paz interior e uma confiança renovada na presença e poder de Deus.

Imagino que ela tenha sido tomada por uma mistura de assombro e gratidão. Finalmente havia encontrado a cura que tanto buscava. O encontro com Jesus não apenas restaurou sua saúde física, mas também lhe deu uma nova perspectiva de vida. Ela sentiu a esperança brotar em seu coração, sabendo que nada era impossível com Deus.

Sua vida foi transformada de maneiras inimagináveis, e sua fé em Deus foi fortalecida. Sua história nos lembra do poder da fé, da esperança e do amor incondicional de Deus em nossas vidas. Ela estava pronta para florescer em sua próxima estação.

Às vezes, em nossa jornada, podemos nos encontrar em uma fase de transição, na qual somos confrontadas com novos desafios, mudanças ou até mesmo oportunidades inesperadas.

Nesses momentos, podemos sentir uma mistura de emoções, como empolgação, incerteza ou até mesmo medo. No entanto, quero encorajá-la a ver essa estação como uma chance de renovação e crescimento. Assim como a natureza se renova na primavera, nós também temos a oportunidade de florescer e de nos redescobrir.

Nessa jornada de redescobertas, é importante manter nossos corações abertos para o plano de Deus em nossas vidas. Ele nos guia e nos conduz, proporcionando as oportunidades certas no momento certo. Podemos confiar em Sua sabedoria e buscar Sua direção através da oração e do estudo da Sua Palavra.

Também é essencial cultivar um espírito de gratidão durante essa estação. Agradecendo a Deus pelas oportunidades de crescimento e pelas portas que Ele tem aberto à nossa frente. A gratidão nos ajuda a valorizar as bênçãos presentes e nos motiva a compartilhar essas bênçãos com os outros.

Receba de braços abertos a chegada da estação do verão em sua vida, um tempo de redescobertas e oportunidades de florescimento. Assim como a natureza se renova e revela toda a sua beleza nessa estação, você também pode experimentar uma renovação interna, permitindo que a graça de Deus te guie para um propósito renovado. Abrace novos desafios, abra os olhos para as possibilidades que se apresentam diante de você.

Verão

O que esperar da estação mais quente do ano? Muitas atividades, pessoas aproveitando o sol, alta produtividade, diversos planos sendo realizados... basicamente, tudo o que estava sendo preparado ganha forma, é colocado em prática.

Quanto à realização de tarefas, recordo-me de um animal pequeno, mas que muito nos ensina, a formiga. Inclusive, veja o que a Bíblia fala sobre ela:

> Observe a formiga, preguiçoso, reflita nos caminhos dela e seja sábio! Ela não tem chefe, nem supervisor, nem governante, e ainda assim armazena as suas provisões no verão e na época da colheita ajunta o seu alimento (Provérbios 6:6-9)[64].

O interessante é que, além de trabalhadoras, as formigas são muito persistentes. Eu e você não conseguimos carregar até vinte vezes o peso do nosso corpo, mas elas conseguem

---

[64] Uma dica para as mamães é ensinar sobre os atributos da formiga para a(s) sua(s) criança(s), por meio da música *A formiguinha*, que pode ser escutada em: https://www.youtube.com/watch?v=jLwWC-b91LpM.

(FIOCRUZ, 2023)[65]. Elas não se menosprezam por causa de seus tamanhos, acreditam e carregam o que precisam. E se o fardo está muito pesado, chamam as companheiras para lhes ajudarem a completar a tarefa.

Outro aspecto relevante das formigas é que elas sabem que precisam organizar todos os alimentos no Verão, que além de ser o período propício por causa da presença significativa do sol, é o momento em que a natureza possui muitos frutos maduros.

Sabem que o Inverno não será propício para o estoque de comida. Afinal, nele há temperaturas mais desafiadoras e pouco alimento em maturação. E o que isso nos ensina para a vida? Que também precisamos aproveitar o Verão para correr atrás do que nos permitirá ter alimento no Inverno.

Se é o período de alta produtividade, corra atrás, enfrente novos desafios, busque realizações, cumpra propósitos, conquiste novos lugares, supere os seus medos e arrisque-se. É a estação para não se contentar com a zona de conforto, com a preguiça ou com a procrastinação.

É uma estação em que muitas pessoas aproveitam para se conectar com a natureza e desfrutar de atividades recreativas ao ar livre, como caminhadas, acampamentos, natação, mergulho e passeios de barco. Essas atividades não só proporcionam lazer e relaxamento, mas também incentivam a apreciação e conservação dos recursos naturais. É um

---

[65] FIOCRUZ. **Formigas.** Disponível em: http://www.fiocruz.br/biosseguranca/Bis/jornal/formigas.htm#:~:text=As%20formigas%20podem%20levantar%2020%20vezes%20seu%20pr%C3%B3prio%20peso%20de%20corpo. Acesso em: 23 maio 2023.

momento crucial para o equilíbrio dos ecossistemas e para a interação entre os seres vivos e seu ambiente natural. De modo geral, os que passam pelo Verão estão apaixonados pelo que fazem e pelas pessoas mais próximas a eles.

O primeiro resultado esperado para o Verão é o de executar o planejamento que foi feito na estação anterior, a Primavera, e alcançar as metas estabelecidas. É um tempo de buscar melhoria de vida, esforçando-se para chegar ao topo, seja na profissão, nos relacionamentos ou na vida acadêmica.

Com certeza, o Verão é um tempo de almejar o sucesso em tudo o que se faz. É o momento de fazer acontecer, crescer na carreira, ser criativa, ganhar dinheiro, comprar, assumir novos riscos, fazer mudanças, aumentar a família, realizar-se, sentir-se realizada e florescer.

O Verão é um tempo para fortalecer os laços de amizade com algumas pessoas que já caminham com você há um bom tempo. Essas são as poucas amigas que sobreviveram ao Outono e ao Inverno e permaneceram ao seu lado, enquanto a maioria das "interesseiras" a abandonaram.

A Bíblia não relata como foi a estação do Verão dessa mulher, porém, posso imaginar o quanto de vida ela tinha para derramar sobre muitos, o quanto de frutos produziu. Consigo imaginar ela voltando para o seu lar, e declarando algo semelhante a uma das canções mais lindas que já ouvi, escrita por Kari Jobe, que pode ter o seu nome traduzido como Deixe a luz entrar (*Let the light in*)[66]. Acredito que ela tenha afirmado que era tempo de despertar para uma nova

---

[66] A canção pode ser encontrada com a interpretação de sua autora em: https://www.youtube.com/watch?v=gw7x08uDqoE. Acesso em: 17 maio 2023.

fase de sua vida, deixar a sua luz brilhar, abrir as janelas da sua existência para que Cristo pudesse entrar.

Ela estava muito feliz, todos os abraços que lhe foram roubados, agora ela poderia ter. Como eu já disse, não sei se ela tinha filhos e esposo, mas se sim, fico imaginando a alegria que eles estavam neste momento. Quantos beijos e abraços lhe foram dados. Momentos de mesa, partilhar do pão e de longos bate-papos com a família e amigos. Com certeza, ela estava apreciando as coisas mais simples da vida.

Porém, mais do que isso, ela agora tinha uma missão e um propósito a cumprir, que era levar para muitas pessoas o mesmo amor que a alcançou.

> O que será que Deus espera de nós na estação do Verão? Sem dúvida alguma, Ele deseja que frutifiquemos, pois Ele não nos criou apenas para viver, crescer, pagar contas e depois morrer. Ele nos criou com um propósito maravilhoso! Quando colocamos em prática tudo o que recebemos Dele, nossos dons e talentos, conhecimento, criatividade, recursos e influência, começamos a frutificar, porque foi para isso que Deus nos criou (SIMÕES, 2019, p. 107).

Quando verdadeiramente nos dispomos a sermos usadas por Deus, Ele começa a realizar o incomparável em nossas vidas. Pode ser que você esteja se perguntando: "Por que é importante descobrir o desejo de Deus para a minha vida?". E a resposta é que, além de ser o melhor para você, porque Ele sabe de todas as coisas, um dia o Senhor lhe perguntará

"O que você fez com a vida que lhe dei?". E se você não tiver cumprido o que Ele tinha para a sua vida, de nada adiantará responder que se formou, obteve títulos e conquistou uma alta posição no trabalho; que teve carros e casas; ou que se tornou alguém influente (SIMÕES, 2019).

Independentemente da profissão que você escolheu trilhar, é necessário que conheça e cumpra a vontade e o propósito de Deus para a sua vida. E cumprir o propósito do Criador envolve dar frutos, já que em João 15:16 está escrito: "Vocês não me escolheram, mas eu os escolhi para irem e darem fruto, fruto que permaneça [...]".

E como podemos identificar os frutos que produzimos? Embora seja difícil defini-los de forma concreta, podemos entender isso de maneira figurada. Para mim, gerar os frutos de Jesus significa relacionar-se de maneira tão profunda com as pessoas que elas possam saborear a presença de Jesus em nós. É fazer com que outros sintam a manifestação de Deus por meio de nossas vidas. Isso envolve compartilhar o evangelho para que mais pessoas possam ser salvas, contribuir de maneira ativa na comunidade religiosa, seja na manutenção da igreja ou no apoio aos membros, e agir como Cristo agiria em momentos de dificuldade. É viver de tal forma que nossas ações reflitam os atributos de amor, alegria, paz, paciência, bondade, generosidade, fidelidade, mansidão e autocontrole. Quando somos capazes de manifestar esses frutos, deixamos um impacto duradouro e significativo na vida daqueles ao nosso redor, testemunhando o poder transformador do Espírito Santo.

Para produzir frutos, é indispensável manter uma comunhão diária com Jesus, conhecendo-O. Isso significa buscar se assemelhar a Ele cada vez mais, mesmo durante os momentos de lutas e adversidades. É importante compreender que, para dar frutos, é necessário reconhecer que, sem Ele como o guia da sua vida, você até poderá realizar muitas coisas e se envolver em diversas atividades, mas jamais experimentará plenamente os benefícios que Ele tem reservado para você, como mulher em florescimento.

Gostaria que pensasse em algo:

> A maior parte do ministério de Jesus foi realizada durante a estação do Verão. Ele produziu, deu fruto, curou, expulsou demônios, repreendeu, ensinou, amou, perdoou, doou, influenciou, fez discípulos e Se entregou em favor de toda humanidade! Foram trinta anos de Primavera, de Preparação, porém na cidade de Caná, na Galileia, em uma festa de casamento ao transformar água em vinho, Jesus deu início aos três anos do maior Verão de Produção jamais registrado, cujo resultado mudou a história do mundo, ao ponto de ser dividida em a.C. (antes de Cristo) e d.C. (depois de Cristo) (SIMÕES, 2019, p. 121).

Assim, precisamos ter Jesus como espelho e aproveitar o verão para produzir, realizar, amar, servir, colher o que foi preparado na primavera, impactar vidas e cumprir o que Deus tem para a sua vida. Simplesmente floresça!

As quatro estações

As quatro estações do ano nos ensinam que não devemos definir as nossas vidas a partir de um período vivenciado. O Outono não é eterno, o Inverno também não, e muito menos os tempos da Primavera ou do Verão. Nesse sentido, leia a seguinte história:

Certo homem tinha quatro filhos. Ele queria que os filhos aprendessem a não julgar as coisas rapidamente, por isso mandou um filho de cada vez procurar uma pereira que ficava bem longe. O primeiro foi no Inverno, o segundo na Primavera, o terceiro no Verão e o último no Outono. Depois que todos os filhos voltaram, ele os reuniu para que descrevessem o que cada um tinha visto naquela árvore. O primeiro filho disse que a árvore era feia, torta e retorcida. O segundo disse que ela estava coberta de botões e cheia de promessas. O terceiro disse que a árvore estava coberta de flores, tinha um perfume suave e era a coisa mais linda que ele já tinha visto! Porém, o último filho relatou que a árvore estava repleta de lindas peras e cheia de vida.

Então, o pai explicou aos filhos que todos estavam certos, pois apenas tinham visto uma estação na vida daquela árvore. Ele disse que não se pode julgar uma árvore ou uma pessoa apenas por uma estação, porque a essência do que ela é, o prazer, a alegria e o amor que vêm da vida só podem ser medidos no final, depois de passar por todas as estações. E acrescentou: Se na vida, você desistir quando for Inverno, perderá a promessa da Primavera, a beleza do Verão e a expectativa do Outono. Não deixe que a dor de uma estação destrua a alegria das outras. Não julgue a vida apenas por uma estação, por mais difícil que seja. Persevere através dos caminhos difíceis, pois com o tempo dias melhores certamente virão.

"Aspire e inspire antes de expirar! Simplesmente viva! Ame apaixonadamente! Cuide-se intensamente! Fale gentilmente e deixe o resto com Deus. Que a felicidade o mantenha sempre amável, que as dificuldades o mantenham esperançoso e o sucesso o mantenha sempre humilde. Mas que somente Deus o mantenha vivo!".
(MORBITZER *apud* SIMÕES, 2019).

À medida que atravessamos as quatro estações em nossa vida – Outono, Inverno, Primavera e Verão – somos envolvidas por um ciclo constante de transformação e renovação. No Outono, aprendemos a deixar ir as folhas secas e os velhos padrões, preparando-nos para a quietude e reflexão do Inverno. É no Inverno que enfrentamos os desafios mais frios e difíceis, mas também onde encontramos espaço para o crescimento interno e a busca pela sabedoria. A Primavera, com sua beleza florescente, traz consigo a esperança e a renovação. É um período de despertar, no qual nossos sonhos e aspirações começam a brotar e ganhar vida. Aproveitamos a energia renovada e a alegria do Verão, no qual somos convidadas a abraçar a plenitude da vida, desfrutando das bênçãos e compartilhando o amor com aqueles ao nosso redor.

Abrace todas as estações com gratidão, confiança e alegria, sabendo que cada uma delas nos leva adiante em nossa jornada de autodescoberta e crescimento espiritual. Encontre a beleza em cada estação e reconheça que, assim como a natureza se renova, também temos o potencial de renovação em nossas próprias vidas.

Que as estações nos inspirem a viver plenamente, amar generosamente, crescer continuamente e sermos uma luz radiante em um mundo em constante mudança.

12

Você também pode florescer

A BÍBLIA NÃO CITA O NOME DA MULHER DO FLUXO DE SANGUE. E A Bíblia costumeiramente menciona o que é importante. E o que isso me ensina? Que Cristo está pronto para transformar a vida de qualquer mulher que esteja doente, e que Ele deve ser o centro da história, pois quando chega todo ambiente é modificado.

A história da mulher do fluxo de sangue nos lembra que, mesmo quando tudo parece perdido, a esperança pode surgir das profundezas do desespero. Ela ousou acreditar que um toque em Jesus poderia trazer a cura e, com coragem e fé, alcançou a transformação que tanto ansiava. Ela floresceu em meio aos obstáculos.

Neste capítulo, quero que você se inspire por essa história e pelo exemplo dessa mulher valente, e compartilhe suas próprias histórias de superação, conquistas, aprendizados e de como encontrou esperança em meio às situações mais difíceis.

Tal como a mulher do fluxo de sangue, você também enfrentou e enfrenta desafios, lutas e momentos de adversidade em sua jornada individual. Carrega histórias únicas, repletas de altos e baixos, de alegrias e tristezas, de vitórias e superações.

É um espaço seguro onde você pode encontrar expressão e cura através das palavras. É um convite para compartilhar suas experiências e trazer à luz os momentos em que a esperança se tornou um farol em meio à escuridão, quando a força interior a impulsionou a enfrentar desafios aparentemente intransponíveis.

Se quiser ousar um pouco mais, pode enviar a sua história para o e-mail contato@movimentoflores.com.br, autorizando-me a compartilhá-la em minhas redes sociais por meio de vídeos, postagens ou comentários, e me informando se o seu nome pode ser ou não mencionado.

A mulher do fluxo de sangue não se resignou ao seu destino, mas escolheu desafiar as limitações impostas a ela. Ela acreditava que, se ao menos pudesse tocar nas vestes do Mestre, encontraria cura. Com coragem e esperança, ela atravessou a multidão, estendendo a mão para tocar nas bordas do manto de Jesus. Em sua busca por cura, ela se tornou um farol de esperança para outras mulheres que enfrentam situações semelhantes. Sua história de resiliência e fé tornou-se um testemunho vivo de que é possível encontrar esperança mesmo nas circunstâncias mais desafiadoras.

Assim como a mulher do fluxo de sangue, você também pode compartilhar sua história de esperança com o mundo.

Ao expressar sua voz autêntica e corajosa, você construirá pontes para o coração de outras mulheres, oferecendo conforto, inspiração e encorajamento.

Neste encerramento grandioso, sua história se une à dela e à das mulheres corajosas de todas as épocas. Juntas, vocês formam uma rede de histórias entrelaçadas, iluminando os caminhos de outras mulheres, mostrando-lhes que não estão sozinhas em suas jornadas de transformação e empoderamento.

Lembre-se de que sua história é um presente valioso, capaz de tocar e transformar vidas. Ao continuar a escrever os capítulos de sua vida com ousadia e confiança, você se torna parte de uma comunidade de mulheres extraordinárias, unidas em busca de um futuro mais brilhante.

Parabéns, minha querida, por ter a coragem de compartilhar sua história. Assim como o mundo aguardava ansiosamente para ouvir a mulher do fluxo de sangue, o mundo também aguarda ansioso para ouvir a sua história. Espero que a sua voz ecoe e ressoe, inspirando e encorajando mulheres ao redor do mundo.